Rudolph Bauer
Thomas Metscher

Aus gegebenem Anlass

Gedichte und Essay

 tredition®

Denn der Menschheit drohen Kriege, gegen welche die vergangenen wie armselige Versuche sind, und sie werden kommen ohne jeden Zweifel, wenn denen, die sie in aller Öffentlichkeit vorbereiten, nicht die Hände zerschlagen werden.

Bert Brecht

Friedlos

Bert Brecht (1898-1956), Schriftsteller. Ab 1930 störten Nazis die Aufführung seiner Theaterstücke, im Januar 1933 unterbrach Polizei die Aufführung seines Stücks „Die Maßnahme", und am 28. Februar, einen Tag nach dem Reichstagsbrand, musste er ins Ausland flüchten. In Deutschland verbrannten Nazis am 10. Mai 1933 seine Bücher, und 1935 wurde ihm die Staatsbürgerschaft aberkannt. Stationen seines Exils waren Prag, Wien, Zürich und Paris, dann Dänemark, Schweden und Finnland, ab Mai 1941 die USA, wo er von 1942 an als Kommunist ohne Parteibuch vom FBI überwacht und im Oktober 1947 vom Ausschuss für unamerikanische Umtriebe verhört wurde. Anschließend, nach einem einjährigen Aufenthalt in Zürich, siedelte er Ende 1948 über nach Ostberlin, während ihm die Einreise nach Westdeutschland untersagt war. - Das Zitat entstammt Brechts „Rede für den Frieden" 1952. Darin heißt es: „Allzu viele kommen uns schon heute vor wie Tote, wie Leute, die schon hinter sich haben, was sie vor sich haben, so wenig tun sie dagegen. Und doch wird nichts mich davon überzeugen, dass es aussichtslos ist, der Vernunft gegen ihre Feinde beizustehen. Lasst uns das tausendmal Gesagte immer wieder sagen, damit es nicht einmal zu wenig gesagt wurde! Lasst uns die Warnungen erneuern, und wenn sie schon wie Asche in unserem Munde sind."

Es gilt noch immer
Wolfgang Borchert Adaption

Du, Mann an der Maschine und Mann in
der Werkstatt. Wenn sie dir morgen befehlen, du
sollst keine Wasserrohre und keine Kochtöpfe mehr
machen – sondern Stahlhelme und Maschinenge-
wehre, dann gibt es nur eins:
Sag NEIN!

auch wenn sie keine befehle erteilen
sondern dir drohen
mit dem verlust des arbeitsplatzes
mit hartz-IV-schikanen
falls du dich weigerst
den marder herzustellen den leopard
tornados den eurofighter
kampfhubschrauber oder u-boote
fregatten korvetten
handfeuerwaffen und drohnen

dann gilt noch immer
nur eins

Du, Mädchen hinterm Ladentisch und Mädchen im
Büro. Wenn sie dir morgen befehlen, du sollst Gra-
naten füllen und Zielfernrohre für Scharfschützen-
gewehre montieren, dann gibt es nur eins:
Sag NEIN!

wenn es dir jedoch
nicht befohlen wird
sondern freiwillig
füllst du granaten
montierst zielfernrohre
für scharfschützen-
gewehre entwickelst
tötungsprogramme tötest
am bild-
schirm für gutes geld
dich nach der mode
zu kleiden chick
deinen freundinnen
zu imponieren
zu gefallen
dem freund
wie der konsum-
terror befiehlt

dann gilt noch immer
nur eins

Du, Besitzer der Fabrik. Wenn sie dir morgen
befehlen, du sollst statt Puder und Kakao Schieß-
pulver verkaufen, dann gibt es nur eins:
Sag NEIN!

wenn sie es nicht
befehlen müssen
weil du weißt
wie man reich wird
weil der verkauf von schieß-
pulver sich mehr lohnt
und profit bringt
als der von kakao
oder von puder oder
von reis
und weil der waffen-
handel ein bomben-
geschäft ist dich reich
macht dir ansehen
verschafft einen orden
aus blech

dann gilt noch immer
nur eins

Du, Forscher im Laboratorium. Wenn sie dir mor-
gen befehlen, du sollst einen neuen Tod
erfinden gegen das alte Leben, dann gibt es nur
eins: Sag NEIN!

wenn sie jedoch keine
befehle erteilen
sondern bewilligen
drittmittel genehmigen
dein projekt
damit du eifrig und ganz
im sinne der freiheit der forschung
wie die verfassung besagt
neue tode gegen das alte
leben erfindest modernisierte
atomwaffen und trägerraketen
orbitalstationen im all
uransplitterbomben chemie-
waffen und bakterien neue
seuchen neue hackertricks
um die westlichen werte unseren
lebensstil in die welt zu tragen
in die unzivilisierte wie es heißt
propagandistisch

dann gilt noch immer
nur eins

Du, Dichter in deiner Stube. Wenn sie dir morgen
befehlen, du sollst keine Liebeslieder, du sollst
Hasslieder singen, dann gibt es nur eins:
Sag NEIN!

wenn sie es dir aber
erst gar nicht zu befehlen brauchen
denn lieber slamst du
hasslieder weil es so poppig ist
und deine liebesschnulzen lullen uns
ein und du schreibst und schreibst
und schreibst dir die finger
wund für random house
ein krimi-drehbuch
reiseführer und einen song
für lügen
um andere damit zu ködern
das elend spannend zu machen
das leben erträglich
oder zum kotzen
damit keine langeweile
aufkommt

dann gilt noch immer
nur eins

Du, Arzt am Krankenbett. Wenn sie dir morgen
befehlen, du sollst die Männer kriegstauglich
schreiben, dann gibt es nur eins: Sag NEIN!

falls sie aber gar
nicht zu befehlen
brauchen weil du in angst
bist weil du ein arzt
bist und glaubst
der propaganda und glaubst
dass alles gut sei
weil alles gut sei weil du
ihre auffassung teilst
dass mehr macht
mehr verantwortung
nach sich zieht mehr
militär mehr
kriegsgeräte mehr
waffenexport in krisen-
gebiete bedeutet
dass es human sei
und am besten der westen
dem westen zum besten

dann gilt noch immer
nur eins

Du, Pfarrer auf der Kanzel. Wenn sie dir morgen befehlen, du sollst den Mord segnen und den Krieg heilig sprechen, dann gibt es nur eins: Sag NEIN!

wo aber mord
nicht mord heißt
sondern freiheit verspricht
die zu segnen dir
keiner befiehlt denn
du verweigerst dich nicht
zu segnen die freiheit
diener des herrn
weil auch der krieg
nicht krieg heißt sondern
kreuzzug genannt wird
weil auch der krieg
nicht krieg heißt sondern
humanitär und humanitäre
intervention
die deinen
segen erheischt gottes
segen oh christ
zum teufel

dann gilt noch immer
nur eins

Du, Kapitän auf dem Dampfer. Wenn sie dir mor-
gen befehlen, du sollst keinen Weizen mehr fahren
– sondern Kanonen und Panzer, dann gibt es nur
eins:
Sag NEIN!

wenn keine kanonen
verschifft werden
und keine panzer
sondern güter exportiert
gebilligt
vom parlament
hinter verschlossenen türen
für saudi-arabien
katar oder den gottes-
staat israel für alle welt
oh capitano
wenn die container
deklariert sind als weizen-
sendung und brot
gegen den hunger
der welt die armen
zu speisen mit
uranmunition

dann gilt noch immer
nur eins

Du, Pilot auf dem Flugfeld. Wenn sie dir morgen
befehlen, du sollst Bomben und Phosphor über die
Städte tragen, dann gibt es nur eins:
Sag NEIN!

wenn sie dir jedoch
keinen auftrag erteilen
nicht bomben befehlen
zu werfen und phosphor
sondern aufklärungs-
fotos zu liefern
für den einsatz von drohnen
um zivilisten
irgendwo weit weg
bei hochzeits-
gesellschaften
zu töten
um kinder und alte
die man des terrors bezichtigt
präziser zu treffen
maustot
und dabei städte in schutt und asche
zu legen für den profit
des wiederaufbaus danach

dann gilt noch immer
nur eins

Du, Schneider auf deinem Brett. Wenn sie dir
morgen befehlen, du sollst Uniformen zuschneiden,
dann gibt es nur eins:
Sag NEIN!

wenn sie dich
nicht beauftragen
mit dem zuschnitt von uniformen
weil näherinnen
in bangladesch oder in china
billiger sind
und weil du deshalb
ein hartzer bist
und man dir vorschreibt
schneider
nimm diese uniform
und das gewehr
oder man lockt dich
zum morden mit waffe
auf dem plakat
wir
dienen
deutschland

dann gilt noch immer
nur eins

Du, Richter im Talar. Wenn sie Dir morgen befehlen, du sollst zum Kriegsgericht gehen, dann gibt es nur eins:
Sag NEIN!

wo das völkerrecht
außer kraft gesetzt ist
wo es kein kriegsgericht gibt
und kein recht
keine richter
außer dem recht
der schnelleren schützen
präziseren waffen
der geländegängigen
panzer der laserstrahlen
akustischen dum-dum
elektronischen waffen
u-booten schiffen logistik
wenn die bombe fällt
vielleicht aus versehen
oder eine rakete
verfehlt ihr ziel und bohrt sich
in den schutzmantel
eines reaktors

dann gilt noch immer
nur eins

Du, Mann auf dem Bahnhof. Wenn sie dir morgen
befehlen, du sollst das Signal zur Abfahrt geben
für den Munitionszug und für den Truppentrans-
porter, dann gibt es nur eins:
Sag NEIN!

mann auf dem bahnhof
das stellen der signale
erfolgt automatisch
überflüssig bist du
und nutzlos
der truppentransporter
fährt ohne dich los
den munitionszug kannst du
nicht stoppen
mann auf dem bahnhof
die signale werden
automatisch gestellt du
bist überflüssig du
wirst nicht gebraucht
weil von geisterhand
fahren die züge und truppen
landen per fallschirm

dann gilt noch immer
nur eins

Du, Mann auf dem Dorf und Mann in der Stadt.
Wenn sie morgen kommen und dir den Gestellungs-
befehl bringen, dann gibt es nur eins:
Sag NEIN!

mann auf dem dorf
frau auf dem dorf
mann in der stadt
frau in der stadt
wenn sie verkünden
der krieg gelte dem terror
notwendig sei er
damit ihr sicher
euch wähnt
ihr und die alten und kinder
dann vergaßen sie euch
zu sagen
was ihr besser niemals
vergesst dass das morden
neuen terror erzeugt
neue angst gebiert
neues unrecht
und neue kriege

dann gilt noch immer
nur eins

Du, Mutter in der Normandie und Mutter in der Ukraine, du, Mutter in Frisko und London, du, am Huangho und am Mississippi, du, Mutter in Neapel und Hamburg und Kairo und Oslo – Mütter in allen Erdteilen, Mütter in der Welt, wenn sie morgen befehlen, ihr sollt Kinder gebären, Krankenschwestern für Kriegslazarette und neue Soldaten für neue Schlachten, Mütter in der Welt, dann gibt es nur eins:
Sagt NEIN! Mütter, sagt NEIN!

es gilt noch immer

Wolfgang Borchert wurde 1921 in Hamburg geboren. Er wurde als 20-jähriger zur Wehrmacht eingezogen. Seine Einheit nahm am Überfall auf die Sowjetunion teil. Wegen einer Schussverletzung an der linken Hand wurde ihm der Mittelfinger amputiert. An der Front erkrankte er an Diphtherie, hatte Erfrierungen an beiden Füßen, litt unter einem fieberhaften Infekt und unter anhaltender Gelbsucht. Er wurde wegen des Vorwurfs der Wehrkraftzersetzung inhaftiert und zum Gefängnis verurteilt. Krank und geschwächt durch die in Krieg und Gefängnis zugezogenen Leiden, schrieb er nach Kriegsende Dramen, Kurzgeschichten und Manifeste. 1947 starb er im Alter von 26 Jahren. Wenige Tage vor seinem Tod verfasste er den Prosatext „Dann gibt es nur eins!" Durch die Adaption wird dieser Text dem Heute angepasst.

Aus blinder, dummer,
abergläubischer Angst vor
dem sozialen Fortschritt
akzeptierte Europa den
krassen sozialen Rückschritt,
nämlich den Faschismus
und damit den Krieg.

Klaus Mann

Besinnungs-
os

Täuschung

gut und gerne leben
auf einer insel des taumels
ohne bedenken vergnügt
bei grauburgunder und pizza

auf der speisekarte
kein pilz der sich erhebt
heiß zur staubwerdung
jeglicher kreatur

keine schlachtplatte
von den schauplätzen
der kriege wird aufgetischt
für die satten

als getränk dekantiert
wird kein blut kein hirn
flambieren die kellner kein
mordmüll auf tellern

zum nachtisch die rote
grütze enthält keine blut-
gerinsel die rechnung bitte
herr ober aber sofort

Hunnenrede
des Wilhelm Zwo
am 27. Juli 1900

um in china den aufstand
der boxer niederschlagen
zu lassen befahl der kaiser

dem deutschen ostasiatischen
expeditionskorps beim abschied
aus bremerhaven

macht euch einen namen
wie vor tausend jahren die hunnen
unter ihrem könige etzel

kommt ihr an den feind
so wird er mit waffen geschlagen
es gibt kein pardon

verfallen sei euch
wer euch in die hände fällt
gefangene werden nicht gemacht

führt eure waffen so
dass auf tausend jahre hinaus
es niemals ein chinese wird wagen

einen deutschen scheel
anzusehen gottes segen
sei mit euch und für euch meine

besten wünsche für das
glück eurer waffen öffnet
der kultur den weg ein für alle mal schießt

schießt sie nieder erschießt sie
und schießt und schießt
es gibt kein pardon

Wilhelm II. (1859-1941), von 1988-1918 letzter deutscher
Kaiser und König von Preußen

Rede des Generals
am 6. Juli 1932

bei der einweihung
des reichskolonialehrendenkmals
      zu bremen
hielt general von lettow-vorbeck
in der uniform der kaiserlichen
      schutztruppe eine rede

ein großes volk
      sagte er
muss kolonien haben
um leben zu können

ein großes volk
      sagte er
treibt kolonialpolitik
um seiner selbst willen

nicht nur um kultur
      sagte er
zu verbreiten
nicht eine wertmission

ist die hauptsache
      sagte er
sondern es gilt
eine nationale notwendigkeit

kolonien sind
        sagte er
ausdruck der kraft
einer nation

ohne kolonien
        sagte er
muss ein blühendes
volk ersticken

dies alles sagte der general
in der uniform der kaiserlichen
        schutztruppe
aus anlass der feier der einweihung des
        reichskolonialehrendenkmals
in der gestalt eines elefanten

der elefant zehn meter hoch
aus dunkelrotem oldenburger klinker

Paul Emil von Lettow-Vorbeck (1870-1964), General der In-
fanterie und Kommandeur der Schutztruppe für Deutsch-Ost-
afrika. Nach ihm waren Kasernen, auch solche der Bundes-
wehr, benannt, etwa bis zur Umbenennung 2010 die Kaserne
in Leer/Ostfriesland.

Achelis fordert die Rückgabe
der Kolonien

hätte achelis am fuße des denkmals
       doch lieber geschwiegen
statt zu fordern vom deutschen volke in
       seiner gänze
der welt geschlossen entgegenzutreten
       zu rufen

fort mit der vergangenheit fort
unser recht verlangen wir
unverzüglich fordern wir
die rückgabe unseres eigenen landes

jener achelis von der bremer abteilung
       der kolonialgesellschaft
schwadronierte am fuße des denkmals
unverzüglich fordern wir deutsche die rückgabe
       unseres eigenen landes

unseres (sic!) *eigenen* (sic!) *landes*
des uns von unseren vätern hinterlassenen ...
       teuren erbes
unverzüglich verlangen wir es an deutschland
       zurück

nicht seinen bewohnern soll es gehören
nicht den elend versklavten
        in deutsch-neuguinea
auf palau den marianen den marshall-
        inseln oder den karolinen

nicht denen in kamerun togo deutsch-
        südwestafrika und ostafrika
sondern *die unverzügliche rückgabe*
der afrikanischen kolonien und derer der südsee
        fordert achelis

zurück an ihre eroberer mit
        waffengewalt
zurück an ihre unterdrücker mit
        christlicher heilsbotschaft
zurück an ihre ausbeuter thronend auf
        pfeffersack

Eduard Achelis (1864-1939), Bremer Übersee-Kaufmann, sprach als Vorsitzender der Abteilung Bremen der Deutschen Kolonialgesellschaft bei der Einweihung des Reichskolonial-ehrendenkmals 1932 in Bremen.

Die Goethe-Eiche

zum Gedenken an Ludwik Fleck (1896–1961),
Bakteriologe und Wissenssoziologe, Häftling
Nr. 4935

die goethe-eiche am ettersberg
bei weimar ist ein ausflugsziel
ein gern besuchter ort
wo unser großer dichter

die faustische walpurgisnacht
geschrieben haben soll
wo hufeland die stillen frommen
das blätterrauschen lehrte

die makrobiotischen gesetze der natur
wo in der nähe frau von stein
gewohnt wo schelling schiller herder
fichte fabulierten und flanierten

wo kommunisten juden priester
sinti und jehovas zeugen
zusammengetrieben wurden
hinter drahtverhau und strom

den buchenwald zu roden
die erde aufzureißen
so grimmig wie die hunde waren
die bewacher auch

die peiniger in uniform
sie hängten an der goethe-eiche
knorzig ästen die geschundnen
auf am hals zu tode

zur qual gefesselt dichter
an den händen wo unser großer
die faustische walpurgisnacht
geschrieben haben soll

bei einem brand zerfraß
das feuer kriechend übers dach
die bestie himmlers
baracken krematorien latrinen

Auf dem Ettersberg bei Weimar befand sich 1937 bis zum Brand 1945 das Konzentrationslager Buchenwald, dem eine Vielzahl von sogenannten Außenlagern (Arbeits-, Zwangsarbeits- und Vernichtungslager) an vielen verschiedenen Orten unterstellt war.

Der Dichter Schlaf

gemeinsam schrieben die autoren
johannes schlaf und arno holz
theaterstücke wie den „papa hamlet"

im jahre achtzehnzweiundneunzig
uraufgeführt ihr bühnenstück des titels
       „familie selicke"
in den theatern
       zu berlin und magdeburg

die bürgerpresse wetterte
       beschimpft das stück
und titelte *tierlautkomödie* schrieb
selbst für das affentheater viel zu schlecht

zwei jahre später war johannes schlaf
am ende mit den nerven
       überworfen mit dem freund
der landete in heilanstalten

viel später dann als holz
       schon nicht mehr lebte
gelobten schreiber unter ihnen schlaf
dem führer treueste gefolgschaft

das wort „der dichter schlaf" meint also
        ebenso den dämmerschlafzustand
in dem das deutsche dichterhandwerk
        damals sich zumeist befunden
wie gleichfalls heut nicht minder

Arno Holz (1862-1929) | Johannes Schlaf (1862-1941)

Beisetzungsfeier

im siebenunddreissigsten jahr
nach dem fürchterlichen kriegsgemetzel
vier jahrzehnte knapp
nach der meuchelei
an den italienern auf kephalloniá
wohnten dem begräbnis
      des befehlshabenden generals
über sechshundert seiner untergebenen
alten kameraden bei
      mit fahnen und standarten

der gottesdienst oder besser die satansfeier
zur beisetzung
wurde eröffnet mit dem choral

„ich bete an die macht der liebe"

zum abschluss hatte der schlächtergeneral

„großer gott wir loben dich"

zu singen verfügt

großer gott
so höre doch
großer gott
wo sind deine blitze
warum erbebt die erde nicht

Nach: Christoph U. Schminck-Gustavus, Kephallonia. Auf den Spuren eines Kriegsverbrechens. 1943–2000. Bremen 2004, S. 166

Für Sold

In Erinnerung an die ungesühnten Kriegs-
verbrechen, zur Mahnung und Anklage

das wort soldat
stammt ab von sold

für sold
werden soldaten zu verbrechern

auf kreta
neunzehnhundertdreiundvierzig

hatte der gemeine mann
hat der soldat

hat der gemeine deutsche mann
für sold

auf den befehl
der nazi-generalität und ihrer offiziere

für sold italienische soldaten
– vormals kampfgefährten – entwaffnet

für sold erschossen oder schwer verletzt
in einem steinbruch

in einem steinbruch
welcher dann zur sprengung freigegeben
    wurde

in einem steinbruch
unter dessen trümmern sie zuletzt verendet
    sind

für sold und auf befehl
wird der soldat zum mörder seiner
    weggefährten

die unter trümmern
tot verschüttet und begraben sind

Nach ihrer Gefangennahme auf der griechischen Insel Kephallonia wurden Offiziere und 4.750 italienische Soldaten, die sich den deutschen Truppen ergeben hatten, gemäß den Befehlen des Oberkommandos der Wehrmacht und im Widerspruch zu den Bestimmungen des Kriegsvölkerrechts, getötet. Siehe: Christoph U. Schminck-Gustavus, Kephallonia. 1943–2003. Auf den Spuren eines Kriegsverbrechens, Bremen 2004

Heimtückisch und grausam

nach der niederlage im zweiten weltkrieg
erklärten nazigeneräle den richtern
wir erfüllten im kampf
nur unsre soldatische pflicht

diese pflicht zu erfüllen war uns aufgegeben
in einem kampf den jeder soldat verabscheut
gerade der deutsche soldat

wenn es dabei mitunter zu harten maßnahmen
*   gekommen sei*
und habe kommen müssen
so liegt die schuld bei denen allein
die von anbeginn an
den kampf heimtückisch und grausam führten
*   nach balkanart *)*

wie damals
so werden auch morgen
die herrn generäle vor den gerichten
falls es dann solche noch gibt
beteuern

dass sie mit ihrem tun
soldatische pflichten erfüllt haben
        wie immer
und dass sie es mussten

im kampf gegen den terror
den jeder soldat bekanntlich und gerade
          der deutsche
gänzlich verabscheut

sollte oder musste es dabei
zu harten maßnahmen gekommen sein
so liegt die schuld
so werden sie nassforsch beteuern
und schamlos beeiden

allein bei jenen
welche heimtückisch und grausam
den kampf geführt hätten
nach terrorart

*) *In Anlehnung an das Schlusswort von General Wilhelm
List namens aller Angeklagten beim Nürnberger Nach-
folgeprozess 1947; siehe Hans Laternser, Verteidigung
deutscher Soldaten, Hamburg 1950; zit. nach Christoph
U. Schminck-Gustavus, a. a. O., S. 141 f.*

Erinnerung an den Vater

die uniform der pflicht
hat er getragen verrichtet
seinen dienst geschrieben
die vernehmungsprotokolle

was er im krieg verschuldet hat
ob er getötet und wenn ja wie viele
das schweigende geheimnis
hat ihn stumm gemacht

darüber sprach er
nie ein sterbenswort
erinnerungen tauschte er beim bier
mit seinen „kameraden"

das k.p.d.-verbot hat er vollstreckt
„der jud" war ihm ein gräuel
als pferdehändler habe er
einfachen bauern schaden zugefügt

er mahnte mich mich
diplomatisch zu verhalten
nicht aufzufallen lieber
zu schweigen still zu sein

warum so viele bücher
fragte er mich oft
du liest zu viel zu viele bücher liest du
und hat mich nie verprügelt

entschlafen ist er stumm
für immer schweigsam still
im fernsehstuhl
bei einem krimifilm

der kriminalbeamte

Was lernten die Deutschen

in anbetracht seiner kollegen erklärte der
        schriftsteller arno schmidt
wir deutschen brachten und bringen
        in überwältigender anzahl
die servilsten die zahmsten die königstreuesten
        autoren hervor

schmidt war gegner der remilitarisierung
        durch adenauer und strauß
wie heine laube börne wienberg kühne
        gutzkow und panizza
war es ihm auszeichnung genug
        verfolgt zu sein durch die behörden

immer wieder finden sich mistviecher die mir
        schwierigkeiten machen schrieb und
        donnerte er
darunter auch mistviecher im ornat
        frommer kirchenmänner

die deutschen bischöfe priesen hitler
        als *leuchtendes vorbild* durch all die
        jahre des terrors
seinen schreckensstaat als *retter*
        und vorkämpfer europas
seinen weltüberfall als *kreuzzug*
        und heiligen krieg

für dieses deutschland besaß der dichter
        nur hass und verachtung
begreifen wir dass jede pistole grundsätzlich so
        eingerichtet sein müsste
dass sie sich nach rückwärts entlädt direkt
        auf den schießenden hin

was lernten die deutschen aus dem ersten
        weltkrieg
die vorbereitung auf den zweiten
was lernten die deutschen aus dem zweiten
        weltkrieg
ja was glauben sie wohl

Arno Schmidt (1914-1979)
Zitate aus der 1988 gehaltenen Dankesrede des Schriftstel-
lers und Kirchenkritikers Karlheinz Deschner (1924–2014)
zur Verleihung des Arno-Schmidt-Preises

Wer sich berufen glaubt, die Summe menschlicher Erfahrung durch das Wort auszudrücken, darf nicht die dringlichsten menschlichen Probleme – die Organisation des Friedens, die Verteilung irdischer Güter – vernachlässigen oder gar ignorieren.

Klaus Mann

Achtlos

Verdammnis

mütter weinen um ihre kinder
witwen um ihre männer
die geschwister um ihre brüder
um den vater der sohn

tränen füllen zisternen
trauer schwelt und es heult
die totenklage in schmerzen
neigen sich bäume

die gräser verdorren im unglück
unheil habt ihr gebracht
und bringt es den nachbarn
hier und allüberall auf der welt

euere waffen verbreiten schrecken
in euren und deren händen
an die ihr sie achtlos verkauft
für heiße judasprofite

auf euch aber ihr anstifter und mörder
auf euch hand- und todlanger
priester und schweigende lehrer
auf euch wartet verdammnis

ewig verdammnis
dantes inferno
siedend alle höllenkreise
kochendes pech

Verteidigungen

wissenschaftler entwickeln waffen-
    systeme im orbit
und berufen sich dafür auf die freiheit
    der forschung

militärpfarrer segnen den leopard 2
im auftrag christlicher seelsorge

berufsmörder befehlen
    die kollaterale auslöschung von
    kindern frauen alten
und werden zum general ernannt

staaten verletzen
    die souveränität anderer staaten
unter berufung auf den grundsatz
    der sicherheitsverantwortung

militärs zerstören
    gesellschaftliche strukturen
angeblich
    zur wahrung der menschenrechte

regierungen missachten das völkerrecht
weil sie bei rechtsverletzungen
    anderer regierungen *nicht wegschauen*

sie rüsten und führen kriege
        zur rohstoffsicherung
das nennen sie friedenssicherung

militärisches eingreifen
bezeichnen sie als gebot der humanität

sie lassen zivilisten töten
und sprechen
        von humanitärer intervention

die armee zieht in den krieg
scheinlegitimiert durch friedensmandate

in weiter ferne am hindukusch
wird deutschland verteidigt

wer die wahrheit sagt
        den heißen sie lügner
zur wahrheit erheben sie lügenwörter

Neues Stadtmusikantenlied

überall findest du ohne not
rät der esel dem hahn in grimms märchen
etwas bessres als den tod

*

um nicht getötet zu werden
von ihren besitzern weil sie alt waren
und unnütz mit ihren beschwerden

wanderten esel gockel und katz
begleitet von einem hund
richtung bremen und bremer rathausplatz

sie kamen erschöpft in ein stück wald
vor der stadt wo ein ein räuberhaus stand
sie machten hier pause und halt

die räuber im hause verjagten sie
sie jaulten und bellten
miauten und krähten mit kikeriki

dort im walde erlebten sie glückliche stunden
indes wären nach bremen sie weiter gezogen
hätten sie schreckliches vorgefunden

*

fregatten produziert man in bremen
mordelektronik und schussmaterial
zu wasser zu lande und orbital
waffen fürs mörder- und kriegsarsenal

*

das neue stadtmusikantenlied
ist kein märchen wie jedermann sieht
eine hoffnung indes besingt es
es ist die hoffnung welche besagt
dass das alter nicht vor dem tode verzagt
dass gesang sogar räuber und feldherrn
      verjagt

*Siehe: Rüstungsstandort an der Weser. Produktion, Forschung
und Perspektiven, Bremen 2011. Im Netz unter: http://www.
bremerfriedensforum.de/pdf/Broschuere_gesamt.pdf*

Satanische Konsequenzen

waffen werden für den export produziert
um arbeitsplätze zu sichern
und der jugend eine glückliche zukunft

das gebot der nichteinmischung wird
        missachtet
um rohstoffe auszubeuten
im namen der demokratie

zivilisten werden nicht getötet aber
unsere feinde machen unschuldige
zu geiseln als lebendes schutzschild

marschbefehle
seien notwendige maßnahmen
für den erhalt des friedens

um die ideale der freiheit werde gerungen
in der wertegemeinschaft
der christlichen eigentumsordnung

unter dem motto der brüderlichkeit wird
        gekämpft
im namen der brüder und wenigen
        schwestern
in den aufsichtsräten der banken und
        rüstungskonzerne

mit berufung auf das prinzip der gleichheit
        werden kriege geführt
bis auf dem planeten endlich ruhe
        einkehrt
und die gleiche totenstille überall
        herrscht

Prosaische Meldung

nach angaben des stockholmer instituts
      für friedensforschung
sank der umsatz bei waffen und
      militärischen dienstleistungen
zweitausendelf weltweit um fünf prozent
      gegenüber dem vorjahr

wenige tage nach dieser meldung
      berichtet die „süddeutsche"
am dreiundzwanzigsten februar
      des jahres zweitausenddreizehn
über den anstieg deutscher waffenexporte
      in die staaten am golf
nach bahrain katar kuwait den vereinigten
      arabischen emiraten
nach oman und saudi-arabien

deutsche firmen haben in diese region
im jahr zweitausendzwölf
ihre ausfuhren mehr als verdoppelt.

allein saudi-arabien kaufte für
      1,2 milliarden euro
das heißt für das neunfache des wertes
      im vorjahr
rüstungsgüter aus deutschland

menschenrechtsverletzungen sind kein
     grund
exporte von kriegsmaterial zu
     verweigern

umgekehrt sind sie der vorwand
für den militärischen einsatz deutscher
     und nato-soldaten
um offene handelswege zu sichern
und den zugang zu rohstoffen und öl

Weihnachtsfestkampagne

zum fest der liebe und des konsums
verkündeten die deutschen medienengel
bei brennenden kerzen und unterkünften
angesichts von kindesmisshandlungen
kindesmissbrauch und kinderpornografie
zwotausendsieben die frohe botschaft

> *du*
> *bist*
> *deutschland*

für „mehr kinderfreundlichkeit"
reservierten dreißig medienunternehmen
fernseh- und radiosender
verlage und internet-firmen
werbezeiten und anzeigenplätze
auch nina ruge die fernsehmoderatorin war
      mit dabei
der box-weltchampion henry maske
      desgleichen

das „herzstück" der weihnachtsfest-
kampagne ein zwei-minuten-spot

> *du bist kein luxus*
> *du bist unbezahlbar*
>
> *du bist deutschland*

,Du bist Deutschland' war laut Wikipedia eine „Social-Mar-keting-Kampagne, die auf positives Denken und auf ein neu-es deutsches Nationalgefühl zielte. Sie wurde im Rahmen der Initiative ‚Partner für Innovation' von 25 Medienun-ternehmen ins Leben gerufen und von Bertelsmann koor-diniert." Die Kampagne erinnerte an die NS-Ideologie der Volksgemeinschaft. Harald Jähner sprach in der Berliner Zeitung von „Volkskörperrhetorik". Die Kritik betraf auch den im Rahmen der Kampagne als Vorbild herausgestellten Ferdinand Porsche, der einer jener Industriellen war, die KZ-Häftlinge als Zwangsarbeiter ausgebeutet haben. 1935 verwendeten die Nazis die (damals auf Adolf Hitler ge-münzte) Parole „Denn Du bist Deutschland" bei einer Kund-gebung in Ludwigshafen/Rhein. (Vgl. https://de.wikipedia.org/wiki/Du_bist_Deutschland)

Mutterliebe

du hast mich
knien lassen auf kant-
hölzern und scheiten

du hast mich
auf kantigem scheitholz
knien lassen

du hast mich
auf holzscheiten knien
lassen auf kantigen

du hast mich
knien lassen auf holz-
scheiten kantigen

meine knie mutter
bluten vom kantigen
knien auf scheitholz

Der Preis, den man
für jeden gültigen Gedanken,
jede schöpferische Tat zu
zahlen hat, ist unabänderlich
derselbe: Leiden, Geduld,
Arbeit, Konzentration,
das zähe, passionierte Ringen
um Erkenntnis.

Klaus Mann

Lauf der Gestirne

als sie begannen
wein zu schlürfen
an lauen sommerabenden
während die sklaven für sie schufteten

schauten des nachts
die alten griechen in den sternenklaren
        himmel
und sie entdeckten den lauf der gestirne
und wie alles dort oben sich abspielt

unten aber auf unserer erde
blieb den sklaven das wissen verwehrt
vom lauf der gestirne
von der notwendigkeit der rebellion

Flugschrift

herr walther von der vogelweide
saß auf einem steine
übereinander geschlagen die beine

den arm aufgestützt
das kinn und die wange
in eine der hände geschmiegt

sah er am himmel
lautlos schweben die silbernen
die stummen todesvögel

sie schreiben das blutige menetekel
lesbar für alle
aber verstanden von wenigen

ein wegelagerer ist der verrat
gewalt beherrscht alles
aus ihren wunden bluten frieden und recht

Walther von der Vogelweide (um 1170-1230), mittelalterlicher Lyriker, der Minnelieder und politische Dichtung verfasst hat. Die ersten Zeilen des Gedichts „Flugschrift" sind eine Anspielung auf den Beginn des ersten Spruchs der Reichstonstrophen („Ich saz ûf eime steine, / und dahte bein mit beine"), worin es am Ende heißt: „untriuwe ist in der sâze, / gewalt vert ûf der strâze: / fride unde reht sint sêre wunt".

Schwarzer Sonnengesang

dich umkreist der planet
aufgehst du bei allen völkern
am morgen dein licht
erwacht in ihrem osten

aufgehst du bei allen völkern
nicht bei den gefolterten
wo es nacht ist und schwarz
rechtlos willkür und qual

nicht bei den gefolterten
wo die erde nass ist von tränen
feucht vom blut matschig vom kot
wo deine strahlen nicht trocknen

wo die erde nass ist von tränen
dort bleib fern oder bring trost
dass du sie nicht vergessen hast
die gefangenen in guantanamo und
      abu ghraib

dich umkreist der planet
aufgehst du bei allen völkern
nicht bei den gefolterten
wo die erde nass ist von tränen
dort bleib fern
          oder bring trost

Ächtung

endlich
eine konferenz wird einberufen
man fordert die weltweite ächtung

teilnehmer/innen
aus aller welt besprechen das für
und das wider wägen es ab

die konferenz
beschließt eine schlusserklärung
einstimmig in vielen sprachen

zunächst
euphorie politiker schwelgen
bravo die presse lobt ein lichtblick

jahre später
nichts wesentliches hat sich geändert
weltweit wird ächtung gefordert

dann endlich
eine folgekonferenz findet statt
die teilnehmer beraten wägen ab

beschließen
wieder eine erklärung
usw.

Klage der Frauen

lauscht männer auf see
ihrem gesang

die ruder holt ein fest
haltet das steuer

die stimmen silbern hört
wie sie schluchzen

klagen um ihre geliebten
ertrunken auf see

von deren sehnsucht
ihrem verlangen

nach freiheit nach brot
einem stück glück

Sternenhimmel

wo sind die sterne zu sehen
am lichtschmutzigen himmel
über der stadt

wo kreisen sie um den polarstern
wo weilen cassiopeia
kleiner und großer bär
wo giraffe drache und cepheus

wo am südlichen himmel leuchten
der große und kleine hund
das einhorn taube und schiff
hase und stier

wo am westlichen firmament
weiden im februar widder und dreieck
mit andromeda perseus

unter den horizont schon getaucht
sind die sterne des walfisch
des fuhrmanns pegasus luchs

mit stündlich zwei schnuppen
kaum ins gewicht fällt im zenit
der meteorsturm der leoniden
ach der himmel wo ist er

Der Komponist

max reger schrieb
klavierlieder auf texte
von christian morgenstern
stefan zweig d'annunzio
und richard dehmel

mit leidenschaft
sprach er weißwürsten zu
bis ich halt sage
und statt von kunstwerken
sprach er von *dingern*

kunst sei ein kontinuum
musik ein dauerzustand
keine zukunft habe sie
ohne leugnen zu wollen
das vergangene

Max Reger (geboren 1873 in der Oberpfalz, gestorben 1916 in Leipzig), Komponist, Organist, Pianist, Dirigent

Lob der Steine

gedichte sind steine
beschriftete kiesel
um sie auf den grund des meeres zu werfen
oder gegen die glasbunker der banken

um den flüchtigen einfall
auf einen zettel notiert
durch ihr gewicht zu hindern
dass er fortfliegt im sturm

straßen werden
mit steinen gepflastert
pfade und wege befestigt
die in welten weisen aus palmen und glück

behausungen werden
damit erbaut brücken
von ufer zu ufer gespannt
und walter der vogler sitzet darauf

um minnelieder zu singen
gegen verrat und gewalt
gegen die wunden des friedens
gegen das verbluten des rechts

Fallweise Operation in Übersee

im zoo
im zirkus
in der manege
werden dressuren gezeigt

menschen quälen das tier
menschen quälen die natur
menschen quälen andere menschen
die mächtigen die machtlosen
die starken die schwachen

sie versklaven
sie unterdrücken
sie beuten aus

aus ihnen machen sie wilde
untermenschen
unmenschen
unpersonen

ungeziefer
unkraut
unrat

unnütz und unbrauchbar
unempfänglich und unempfindlich
unerbittlich unerschütterlich
kalt

sie erklären sie zu ungeheuern
ungestüm und unberechenbar

verteufeln und bekämpfen sie
prägen unworte wie islamistische
terroristen und schurkenstaat

später dann erklären sie

G-W-O-T
den *global war on terror*
den globalen krieg gegen den terror
zur *overseas contingency operation*
O-C-O

Das Leben ist unteilbar,
es lässt sich nicht
in verschiedene ‚Branchen'
mit beschränkter
Verantwortung spalten.

Klaus Mann

Schamlos

Lenin und Trotzki

goldsteins berühmtes foto
		lenin in feuriger pose
spricht zum volk

einmal mit
		leo trotzki an seiner seite
das andere mal ohne
		den helden des roten oktober

		kurzerhand entfernt
der in ungnade gestürzte volkskommissar
		trotzki

einmal das original
das andere mal die retouche

welches der beiden fotos
		so sprich
		lew dawidowitsch
vermag getreuer wiederzugeben
		wie es uns damals geschah

Verfassungsschuttslam

verfassungsschutz
  fassungsschutz
    fassungsschutt
      verfassungschutt
        fassungsschutt
          fassungslos
            fassungsschuttlos
              verfassungsschuttlos

fassungsmülllos
verfassungsmülllos
verfassungsschuttmülllos
verfassungsschutzmülllos
verfassungsschuttmüllschredder

    verfassungsschutzlos
      fassungsschutzlos
        fassungsmüllschutzlos

atommüllschutzlosverfassung
  atommüllschutzverfassung
    atommüllschuttverfassung
      atommüllverfassungsschutt
        atomverfassungsschutz
          atomverfassungsschutt

atomverfassung
atomerfassung
erfassungsschutt
erfassungsverfassungsschutt
atomerfassungsverfassung
atomerfassungs-
verfassungsschutt

Vom Schützenschützen
der Verfassung
Für Rolf Gössner*

verfassung schützt den
dem sie nützt

der welcher die verfassung schützt
er schützt auch die
denen sie nützt

verfassung schützt
und ihre schützer schützen
was unterdrückung nützt
und deren schützen
den schützenpanzerschützen
schützt sie auch
verfassungsschützer schützen
schützen allerorten
sie schützen todesschützen
welche morden

geheimdienstlich wird angeraten
jenen ärschen nicht zu schaden
die da herrschen

unverhohlen wird auch anempfohlen zu
verstehn
warum verfassungsschützer nazis

schützend müssen schützen gehn

* *Rolf Gössner (geb. 1948), Kuratoriumsmitglied der Internationalen Liga für Menschenrechte (Berlin), ist Rechtsanwalt, Publizist und Bürgerrechtsaktivist. Zu seinen zahlreichen Veröffentlichungen gehören die Bücher „Geheime Informanten. V-Leute des Verfassungsschutzes – Neonazis im Dienst des Staates" (Knaur-Verlag, München 2003; aktualisiert als ebook 2012), „Menschenrechte in Zeiten des Terrors" (Hamburg 2007) und „Mutige Aufklärer im digitalen Zeitalter" (Berlin/Dähre 2015).*

Berliner Verfassungsschutzhysterie

wolkenkratzer friedensengel
halbvergilbte blumenstengel

franziskaner jesuiten
israeli und sunniten

islamisten heilsverkünder
arme und verdorbne sünder

kriegsverletzte und -versehrte
pazifisten und gelehrte

anamnäer russen inder
böse kleine enkelkinder

militaripolizisten
schwestern nonnen bücherkisten

therapeuten psychopathen
feldmaus hausmaus hamster ratten

grüner grauer gelber schatten
alles im verdachte steht

nie zu spät nie zu spät
herr schily schnürt ein rechtspaket

zwecks sicherheit security
verfassungsschützerhysterie

biometrisch stück um stück
neue pässe neues glück

Otto Schily (geb. 1932), Rechtsanwalt und Politiker (Mit-
begründer von Bündnis 90/Die Grünen, 1989 Übertritt zur
SPD), von 1998-2005 Bundesinnenminister. Schily setzte
sich für die 2005 erfolgte Einführung von Reisepässen mit
biometrischen Merkmalen ein und stimmte der Änderung
einer Dienstanweisung zu, auf deren Grundlage der Verfas-
sungsschutz verdeckte Online-Durchsuchungen durchführte.
Der Ex-Minister ist u. a. Aufsichtsrat bei den Firmen SAFE
ID Solutions AG und Byometric Systems AG. (Stand: 2013).

Untertanenrepublik

ihre forscher leisten fron
dem washingtoner pentagon
sie lassen sich von dort belohnen
und entwickeln killerdrohnen

*

in hohenfels und grafenwöhr
übt army mit der bundeswehr
wie man die aufständischen bannt
im eignen und im feindesland

bei büchel lagernd nuklear-
gefechtssprengköpfe als gefahr
die republik ist kolonie
die auszuspionieren die

geheimdienste der supermacht
mit ihrem generalverdacht
befugt sich wähnen damit alte
yankee-vormacht sich erhalte

*

von ramstein her bis zu den alpen
zur nordsee hin und allenthalben
von frankfurt aus und ohnehin
bis in die hauptstadt bis berlin

globalisiert vertausendfacht
gelingt mit geld und niedertracht
mit handelskrieg und neuen waffen
der wall street vormacht sich zu schaffen

dass unter schwarz-rot-gelben fahnen
bei transatlantischer regie
die republik der untertanen
ein teil globaler strategie

des kapitals und seiner spießgesellen
in unternehmen banken zockerhöllen
flankiert von der justiz dem militär
dem pfarrer- und pastorenheer

in kirchen und in redaktionen
um dem ereignis beizuwohnen
wenn unser deutscher untertan
die feuer legt im fascho-wahn

*

um nibelungentreu zum einen
als wahrer partner zu erscheinen
ergibt sich aus der deutschen sicht
der satz „wir protestieren nicht"

in wahrheit nämlich andrerseits
ist diese republik bereits
der spielball schwarzer interessen
die vom profitwahn wild besessen

ob überwacht weil der kritik verdächtig
ob untertanisch oder supermächtig
ob kolonie vasallisch oder niederträchtig
es gilt ob u.s.a. e.u. ob bundesrepublik

die gier des kapitals bedeutet krieg

Sich zeigen

der bundespräsident
zeigt sich bestürzt

die kanzlerin
zeigt sich betroffen

der minister
zeigt sich erschüttert

er spricht von einer
        schmerzlichen nachricht
die bitter sei

ich bin unendlich traurig
erklärt er zum tod
        des elitesoldatischen töters

fügt aber hinzu es zeige sich
der weg bleibt richtig

Kursiv gesetzt sind Zitate aus einer Zeitungsnotiz vom 6. Mai 2013 mit der Meldung, dass ein „Elitesoldat" des Kommandos Spezialkräfte (KSK) beim Beschuss durch afghanische Aufständische getötet wurde.

Vermächtnis

setzt keinen namen
auf mein grab

auf meinen grabstein
keinen namen

auf meinen sarg werft
keine blumen

werft keine blüten
auf den sarg

kämpft für den frieden
gegen den krieg

kämpft gegen krieg
kämpft

gegen das unrecht
kämpft

Ein Schriftsteller, der politische Gegenstände in sein künstlerisches Schaffen einbeziehen will, muss an der Politik gelitten haben, ebenso tief und bitter, wie er an der Liebe gelitten haben muss, um über sie zu schreiben. Dies ist der Preis, billiger kommt er nicht weg.

Klaus Mann

Gewaltlos

Wolle und Schwert

theseus dem helden
gab ariadne ein schwert
und etwas wolle dazu

das knäuel wolle gab sie
damit er heimfindet
heraus aus dem labyrinth

wolle ist klug
aber wozu das schwert

Auf Jannis Ritsos

den griechischen
Dichtergenossen (1909-1990)

der oleander blüht
der thymian die minze
der salbei duftet schwer
das brunnenwasser kühlt

aus heiterm himmel stürzen
die millionen schrecken
im namen götzenhafter
avatare und dämonen

sie halten seelen
in den käfigen gefangen
in mordanstalten
auf den schlachthofinseln
bekämpften sie des kühnen
kranken dichters
stein- und gitterworte

des freundes und genossen
welcher widersetzte sich
den nazis briten und obristen

der tod bedeutete ihm
weniger als freiheit

erst kommt die freiheit
schrieb er
dann der tod

Jannis (Giannis) Ritsos trat 1933 der linken griechischen Kulturvereinigung „Protopori" (Avantgardisten) bei. Ende der 1920er Jahre an Tuberkulose erkrankt, verbrachte er bis 1939 insgesamt sieben Jahre in Sanatorien. 1936 ließ der in Griechenland an die Macht gekommene General Metaxas das Ritsos-Buch „Epitaphios" zusammen mit anderen Büchern öffentlich verbrennen. Während der deutschen Okkupation Griechenlands (1941-1944) wurde Ritsos zum Chronisten des Widerstandswillens des griechischen Volkes. Nach dem Sieg über die faschistische Okkupation unterstüzten Großbritannien und die USA griechische Konterrevolutionäre, die Ritsos und Tausende anderer 1948 festnahmen und auf die Verbannungsinseln Limnos, Makronissos und Agions Efstratios doportierten. 1952 wurde Ritsos freigelassen, in der Junta-Zeit (1967-1974) aber erneut verhaftet. Zunächst untergebracht auf den Verbannungsinseln Gyaros und Leros, lebte er später unter Hausarrest auf Samos. Von 1974 bis zu seinem Tode wohnte er dort und alternierend in Athen.

Dichter Nebel

und zum gedenken uns vereint
des unglücks dichter nebel
der „zuginsfeld" geschrieben hat
die „rüste-wüste" den „schaugaukel"
und in sein tagebuch den lichten silbersatz

hiersein ist ein neues glücksempfinden
schauen schlendern fühlend
sich verlieren staunen
eine höchste art von selbstbegegnung
bahnt sich vorerst wortlos an und will
zur SPRACHE kommen gegenwärtig
sein als geist und wartenkönnen

den lichten silbersatz ins tagebuch trug ein
der dichter-maler otto nebel
der dreiunddreißig als verfemter
aus deutschland emigrierte in die schweiz
und dort zunächst verstummte

*

ein neuer fürchterlicher schrecken
        in europa
ein krieg ein neues neununddreißig
        droht
wie dichter nebel blockt entsetzen
        wahnsinn

die augen machet blind und taub der
    mensch
ist seiner gattung unglücks
    wotanschmied

Der Text entstand am 25. März 2014, zur Zeit der Zuspitzung der politischen Krise in der Ukraine. Der Text enthält kursiv ein Zitat des Dichters, Malers und Schauspielers Otto Nebel (1892–1973). Quelle: Otto Nebel, Prosa, Gedichte, Nachlass. Das dichterische Werk Bd. 2, herausgegeben von René Radrizzani. München 1979, S. 319

Tilla Durieux

sie war schauspielerin nahm teil
am kampf der jugoslawischen partisanen

in der berliner hasenheide
vor arbeiterinnen und arbeitern

las sie aus den werken von goethe
schiller dehmel herwegh und chamisso

neunzehnhundertdreiunddreißig
musste sie fliehen

ihr mann
jude war er

in der nähe des potsdamer platzes
wurde ein park nach ihr benannt

Tilla Durieux (1880-1971), Schauspielerin. Ihre Lebenserin-
nerungen hat sie niedergelegt und veröffentlicht unter dem
Titel „Eine Tür steht offen".

Poet des Friedens
Otmar Leist zum Gedenken

ein freund war er
      den bremischen poeten
ihr lehrer war er
aufmerksames ohr für jeden

klein und bescheiden hat er sich gestellt
groß war sein zorn
aufs unrecht dieser welt

sein streben für den frieden
      und gerechtigkeit
funkelte sternenhell
in dunkler zeit

nunmehr vereint in ihrem grabe
ruhen in frieden der dichter
und die dichtergabe

Otmar Leist, Bremer Autor (1921–2012)

Kronos und die Kureten

zum fraß verschlang
gaias sohn kronos
seine neugeborenen söhne

selbst seinen sohn
zeus wollte er töten
der vater des vaters der götter

der säugling wurde
vor ihm versteckt
in einer felsenhöhle auf kreta

um sein geplärr
zu übertönen
schlugen kureten höllischen lärm

so überhörte kronos
der vater den sohn
und suchte nach ihm vergeblich

wir lernen daraus
dass zu schlagen laut
lärm selbst zeus zur rettung gereichte

auch heut unsre zeit
gierig verschlingt sie
die söhne die töchter und enkel

ihre einzige rettung wär
der poeten lautes gelärm
gellend dröhnend unüberhörbar

somit ihr dichter poeten
laut lärmt gleich den kureten
den schrill schlagenden rettern von zeus

trommelt auf pauken
rüttelt die schilde
schleudert die worte schlaget alarm

damit kronos nicht
tötet und frisst
die söhne die töchter und enkel

Ganesha

oder das reittier indras
oder das symbol des mitgefühls
    und der weisheit
oder die chiffre des wohlstands
oder einer von den achten
    die das weltall tragen

oder das wappentier der republikanischen
    partei in den vereinigten staaten
oder auf der seekriegsflagge von thailand
oder auf den fahnen afrikanischer länder
    als zeichen von macht
oder der keuschheit von christus
    des heiligen elefanten
oder von behemoth des fleischlichen
    ungeheuers zu potenz gemahlener
    stoßzahn

oder schenk oh herr hörner aus elfenbein

oder mit einer maus oder ratte
    schirmherr der künste und
    wissenschaft
    sohn der parvati und shivas
    gott mit dem elefantenrüsselschädel

in einer prozession tragen sie dich auch
    durch paris
durch die rue du faubourg saint denis

über den boulevard barbés schwenkt
der zug aufgeschlagener kokosnüsse
durch die rue labat zurück in die rue
    philippe de girard

versenkt in den fluten des mutha-flusses
löst sich auf
die abwehr der dämonen
blut aus gips oder ton
färbt die gewässer rot

ganesha telefoniert schnurlos

                    denn jetzt
im schlimmsten aller weltzeitalter
    wird seine haut grau sein
er wird das böse zerstören und gerechtigkeit
    herstellen
er wird zwei hände haben und reiten auf
    einem pferd

Ganesha wird in der hinduistischen Religion als Gottheit angerufen, von der sich die Menschen Glück, Erfolg und gutes Gelingen erhoffen. Der mit einem Elefantenkopf dargestellte Ganesha steht für jeden Neuanfang und verkörpert Weisheit und Intelligenz. Zu seinen Angelegenheiten gehören die Poesie, Musik, Tanz, Schrift und Literatur, und er ist der Herr über die Wissenschaften sowie der Gott des Handels. Unter der Bezeichnung Vinayaka wird er auch im Tantra verehrt, wo er als begnadeter Tänzer und Liebhaber gilt, der mehrere Frauen zugleich zu beglücken vermag.

März-Glück
für Ernst Herbeck, Heinar Kipphardt
und W. G. Sebald

der das glück hält kann leben
das geht nicht schwer
wenn wir das glück halten werden
eine autokolonne zu vererben

er geht nicht schwer
er fahrt allein
der das glück hat
wenn wir das glück haben werden

wenn wir das haben
das geht nicht schwer
im frühling und nährt sich
von aas

der das gluck hat
der muss es eben

wann wird das glück erscheinen
wenn wir das glück haben werden

der das glück hat der kann leben
es geht nicht schwer
es fahrt allein der das glück hat

ich

„März-Glück" ist eine Zitat-Montage aus Texten des Psych-
iatriepatienten Ernst Herbeck (alias Alexander März) und
der Adaption dieser Texte durch den Schriftsteller Heinar
Kipphardt. Auch der Schriftsteller und Literaturwissen-
schaftler W. G. Sebald war Herbeck-„Kenner & Epigone".
Er hat sich in einigen Essays mit den Texten Herbecks be-
schäftigt. In seinem Prosaband „Schwindel. Gefühle." von
1990 schildert Sebald einen 1980 unternommenen Besuch bei
Ernst Herbeck.

Vom Glück der Kunst stillen Sinnens

Angelika und Klaus Plückebaum
zum 30-jährigen Jubiläum ihrer Buchhandlung
Leuwer am Wall in Bremen

künder vom glück
vom glück der kunst
der kunst stillen sinnens

künder von der stille
von der stille des sinnens
des sinnens der kunst des glücks

künder von der kunst
von der kunst der stille
von der stille sinnenglück

künder vom sinn
vom sinn der kunst
der kunst des stillen glücks

künder von der kunst
von der kunst des glücks
des glücks stillen sinnens

Tränen der Elefanten

in frieden und eintracht
wachsen die kleinen dinge
durch zwietracht zerstört
werden die großen

um gold und elfenbein
wurden kämpfe geführt
um palmöl und petroleum
um pfeffer und salz

in giganten verwandelten ameisen sich
wurden in hass verfeindete riesige monster

es metzelten hin sich armeen
im frost ihrer waffengänge
mordeten männer männer
aus fleisch und blutwarm

in frieden und eintracht
wachsen die kleinen dinge
durch zwietracht zerstört
werden die großen

wandern lasst uns gegen das morden
die fußpfade der freundschaft
trocknen die salzigen tränen
der elefanten die weinen

Stadt der Jungfrau

sicherheit feier und fest
vor dem ausbruch der pest

zwei schnüre von der weisheit gehalten
in der eintracht hand gebündelt
um die gute regierung zu binden
an das vorbild der vierundzwanzig

die übeltäter werden verachtet
und gekrönt werden die verdienstvollen
gefesselt werden hochmut und geiz
und gerechtigkeit sei euer einziger lohn

mich träumte von einer liebe
die es so noch nicht gibt

„Stadt der Jungfrau" (civitas virginis) ist eine Bezeichnung
der Stadt Siena in der oberitalienischen Toskana (siehe: Titus
Burckhardt, Siena. Stadt der Jungfrau. Olten 1958), wo sich
im Palazzo Pubblico das Fresko der „Allegorie der Guten Re-
gierung" befindet.

Die gute Regierung

lieg du mir zu füßen
wie der schakal

ich bin die gute regierung
und der frieden bin ich

ich habe den arm
auf ein kissen gestützt
den kopf gelegt
in die fläche der rechten hand
in der linken
den grünenden ölzweig

der frieden bin ich
ich bin die gute regierung

Das Fresko der „Allegorie der Guten Regierung" (Allegoria del Buon Governo) im Palazzo Pubblico von Siena wurde von Ambrogio Lorenzetti (1290-1348) gemalt.

Das alte Lied

zwischen den waffengängen
auf wandelgängen aus marmor
werden die neuen kriege geschürt
weltuntergänge ausgeheckt
wird gedealt gewaltige spenden
fließen in reißende mäuler elend
verrecken müssen die armen
tamtaram tam-tam

waffen werden verschoben
die kriegsmaschine heult
blasse rekruten geloben
den eid aufs mutterland
bereit zu sterben maustot
zerschossen verbrannt
tamtaram tam-tam

die trommel schlägt zum streite
horch wie die trommel hallt
im frührotschein im frührotschein
mädchen du mädchen mein
mädchen im frührotschein
abschied muß sein
tamtaram tam-tam

liebster ich bitte dich
singe nicht mit
zertrommel die eide
zertrommel den krieg
rühr gegen gewalt
die trommel streichle
zärtlich ihr fell dem hass
keine chance
tamtaram tam-tam

singe nicht mit
liebster ich bitte dich
lass schwingen ihr fell
für den frieden stürz den
der da hockt auf ihrem rand
hinunter den sensenbengel
den todesengel trommle hinweg
tamtaram tam-tam

In Raum und Zeit

zwischen himmel und erde gleicht der
    raum trommeln
und flöten treiben stumme schamanen
    mit ihrem einboot
durch stille gewässer und schluchten

an der spitze ein steuermann mit dem
    holunderstab
zeigt am heck den trommlern impulse
    mal schneller
mal langsam mal laut dann wieder leise

flüstern die trommeln von paradiesen
    und neuen zeitaltern
ohne gewalt ohne der brüder herrschen
    über den bruder joseph
der anderer träume zu deuten gewusst

den sie hinab stießen in den trommel-
    förmigen brunnen
den sie als sklaven verschachert haben an
    ismaelitische händler
die ihn verkauften an pontifar dessen
    lüsternes weib

ihn begehrte hinauf zum gushan fliegt
    ein adler lauscht

den verstorbenen spricht mit den toten
       fürsten und kriegern
um für uns späte aufzuzeichnen was sie
       berichten

von trottenden kälbern fest geschlossenen
       augen und reihen
zum krieg hinaus mit mann und maus
       mit spießen und kanonen
befehlen und flinten dass ja keiner bliebe
       dahinten

wieder am abend streichelt zum tanz
       zärtlich eirene die conga

Eirene

göttin des friedens
mit dem hornschmuck der ziege
der amme des zeus

göttin des friedens
mit dem füllhorn des glücks
der süßesten früchte

göttin des friedens
mit dem reichtum der ernte
im blattbunten herbst

göttin des friedens
geschmückt mit schneekristallen
in der wintersonne

mit duftleuchtenden
knospen in des friedens flora
zarter frühlingshoffnung

Die Lerche

ins blau hinauf
spiralt die lerche singt
wenn die blonden
strähnen der sonne
zu schimmern beginnen

wenn der tau des morgens
über würdigen hügeln
sich sammelt in blütenkelchen
woraus wir schlürfen
verzweifelt gierig das leben

Widmung

walther von der vogelweide
franz von asissi
dante alighieri
jeanne d'arc
klaus störtebeker
kaspar hauser
georg büchner
rosa luxemburg
georg elser
hilde domin
klaus mann
mahatma gandhi
angela davis
petra kelly
daniel ellsberg
julian assange
bradley manning
edward snowden
u. v. a. m.

Statt aufzustehen

ihr esst nicht ihr trinkt nicht
könnt euch an nichts erfreuen
schwermütig sitzt ihr am tisch
schiebt das weinglas zur seite

statt aufzustehen wartet ihr ab
das kommen dessen der alte wie junge zu
sich holt mann und frau
aus dem bett das noch warm ist

Haikus, Aphorismen und Distichen

Reimlos

Haikus

Deutsche Befehlshaber

Jugoslawien-Krieger

schröder und fischer
die rot-grüne panzerfaust
der gewaltlosen

Peter Struck (2002-2005)

noske zwo befiehlt
angriffe am hindukusch
zur verteidigung

Baron I (2009-2011)

der befehlshaber
mit der ölglatten frisur
baron guttenberg

Baron II

herr karl-theodor
ein deutscher kriegsminister
an der lügenfront

de Maizière I (2011-2013)

von den miseren
der soldaten im einsatz
kündet sein name

de Maizière II

die pazifisten
erinnern sich seiner als
drohnenminister

von der Leyen I (2013 ff.)

befehlshaberin
ursula von der leyen
fleckmustergetarnt

von der Leyen II

in der schutzweste
robust stramm an der front die
mutter der wehrmacht

von der Leyen III

aufauf in die schlacht
auf befehl von der leyens
mit hübscher larve

Die Kanzlerin

die frau kanzlerin
angesichts von armut kalt
teflonbeschichtet

fürs kanzlerinwort
multikulti gescheitert
applaus vom stammtisch

wir schaffen das schon
hieß es und heute heißt es
wir schaffen euch fort

ins flüchtlingslager
schiebt sie willkommene ab
mit sultans hilfe

US-Präsidenten

george w. bush
bekämpfte die bösen
in christi namen

barack obama
die standarte der hoffnung
zerfleddert im krieg

einen friedenspreis
dem drohnenpräsidenten
im sinne nobels

ist donald gaga
eine ausgeburt ist er
des profitsystems

der am roten knopf
twittert seiner sei größer
oh gottbewahre

sind jene besser
die seiner sich schämen weil
er schamlos regiert

Frontberichte

im kriege bluten
viele der zivilisten
nicht wer ihn befiehlt

befehle zum krieg
dienen dem einen zweck nur
märkte erobern

völkerrechtswidrig
werden drohnenbefehle
aus ramstein gelenkt

general nach schlacht
angetreten zur ordens-
entgegennahme

rauchen ist tödlich
es tötet viele menschen
die bombe alle

lehrt in den schulen
kriege sind ein verbrechen
schluss mit dem töten

Politikerschelte

parteien werben
wir sollen zur urne gehn
blindes vertrauen

dass wir vergessen
was sie versprachen denken
abgeordnete

bereit zum beschluss
von freihandelsverträgen
die sie nicht kennen

steuerschlupflöcher
gibt es für die konzerne
für arbeiter nicht

der dieselskandal
der asthmatiker krank macht
wird ausgesessen

Politikfelder

Bildungspolitik

wozu noch bildung
im rausch der karriere
konsumbesessen

Gesundheitspolitik

schamloses plündern
weil das gesundheitswesen
privatisiert ist

der pharmagigant
macht gewinn mit spray gegen
asthmaerkrankung

pharmaaktien
werden ärztlich erworben
zwecks dividende

Wohnungspolitik

als geldanlage
nicht um zu wohnen darin
fördert man hausbau

Wirtschaftspolitik

es rollt der rubel
der höchst sauer verdiente
immer nach oben

Erdogan, Japan und der Papst

Der Sultan

atatürks erbe
auf dem weg in die zukunft
als großgefängnis

Die Katastrophe

früher in japan
der haiku vom frosch der quakt
jetzt fukushima

Franziskus

der papst nennt lager
für syrische flüchtende
auf lesbos k.z.

18 gegen Retrofaschisten

Haiku von den Identitären

was sie erbrechen
im rausch der identität
heißen sie meinung

Haiku über Gesinnung

besudeln das volk
mit dem schmutz von gesinnung
mit maden von hass

Haiku gegen die Volkstümler

je mehr sie brüllen
wir sind das volk und ein volk
ist pöbel gemeint

Haiku vom blinden und sehenden Auge

ihre parolen
freie bahn für faschisten
bullen gegen links

Haiku gegen den Kriegskult

kriege finden sie
mannhaft heroisch und schön
hassen den frieden

Haiku von der eingebildeten Größe

zerstören im wahn
eingebildeter größe
fremde kulturen

Haiku gegen das Kreuzrittertum

den kreuzrittern gleich
im kampf gegen muslime
tragen das kreuz sie

Haiku gegen den Unverstand

sie begreifen nicht
wovor fliehende flüchten
vor hunger und krieg

Haiku gegen die Spaltung

die armen im land
hetzen sie auf gegen die
folgen des elends

Haiku gegen Ankerzentren

abgeschoben wie
juden sinti und roma
in lager gesteckt

Haiku von der Gerechtigkeit

wenn die gesellschaft
grundlegend gerecht wird wählt
niemand a. f. d.

Haiku gegen Brandstifter

wenn sie abfackeln
die fluchthäuser der fremden
fühlen sie stark sich

Europa-Haiku

europa-skeptisch
dröhnen rechte parolen
bis das land braun ist

Medien-Haiku

die lückenpresse
erzählt nicht ihre lügen
das prangern sie an

Haiku zur Kritik an den Etablierten

dem establishment
heizen sie ein mit hölzern
von selbigem baum

Haiku gegen rechte Elitäre

sie lästern über
so genannte eliten
sie zu beerben

Haiku zur falschen Meinungsfreiheit

sie fordern das recht
auf meinungsfreiheit um es
andren zu nehmen

Haiku gegen die islamophoben Retter

auf das abendland
dessen schutz sie geloben
folgt finsterste nacht

Aphorismen

Narren

jene sind narren
die sich abfinden damit
dass narren herrschen

Deal

brot für die welt
saatgutpatente für die konzerne
ein lob gerechter verteilung

Staatsraison

wo die staatsraison
der vernunft vorgeht
und dem leiden der menschen
da trampelt sie auch über leichen

Die Linke und Israel

wenn kritischer geist
nach israel schaut
erweist die partei sich
als spaltbares material

Kolonialismus

kolonialherrn
bleiben kolonialherrn
auch solche mit davidstern

kolonialfrauen
bleiben kolonialfrauen
wenn sie besatzersiedlungen bauen

Entschlüsselung

nsa
national security agency
ns
nationalsozialistisch
sa
sturmabteilung
nsa
nazi-sturmabteilung

Der Name der Drohne

euro hawk
to hawk
engl. für hausieren feilbieten verhökern
euro
die währung das zahlungsmittel

Volksmund

wer für den frieden ist
braucht für den spott nicht zu sorgen

Terrorismusbekämpfung

counterterrorism
korrekt übersetzt
meint es den kampf
zweier terrorismen

Standpunkt

sie stehen am abgrund
das macht angst
und gefügig

Verschwörungstheorie I

um auf eine frage
nicht erwidern zu müssen
wird sie als theorie verworfen

Verschwörungstheorie II

wenn jemand einen kritischen einwand
als verschwörungstheorie abtut
spekuliert er auf goethe im volksmund
dass alle theorie grau sei

Verschwörungstheorie III

was verschwörungstheorie genannt wird
soll theorie sein
denn gegen eine theorie
verschwört es sich leicht

Verschwörungstheorie IV

um lächerlich zu machen
worin zweifel sich ausdrückt
genügt es zu raunen
der zweifler glaube an dunkle mächte

Verschwörungstheorie V

um sie zu entkräften
erheben sie die hypothese
in den stand einer theorie
und geben damit zu erkennen
was sie sich vorstellen darunter

Verschwörungstheorie VI

weil sie theoriefeinde sind
erklären sie den verdacht
zur theorie und schlagen sie tot

Distichen

Volksparteien

Diese versprechen den Wählern ein
    besseres, glückliches Leben.
Nach ihrer Wahl geschieht nichts,
    Wählervertrauen zum Hohn

Politik der Mitte

Die von der Mitte bereiten den Boden
    für Rechts und beklagen dann
völkische Töne und Hass, dumpfer
    Rassisten Gewalt

Kriegseinsätze

Deutschland verteidigen tapfer soldatische
    Krieger im Einsatz. Und,
angeblich, vor des Islams Schrecken
    beschützen sie uns

Feindesgefahr

Leicht ist das Volk zu belügen, es lebe in
    Feindesgefahr, unsre
Sicherheit sei höchst bedroht. So herbei
    lügen sie Krieg

Fake News

Nicht eine Wahrheit entscheidet, ob Kriege
  beginnen,
sondern die Lügen und Fakes. Beispiele gibt
  es genug

Täuschung

Wenn uns die Kriegshetze aufruft zum
  Kampf gegen Feinde der Freiheit,
ist sie es allemal selbst, die uns zu Unfreien
  macht

Pluralismus

Schamlos die Mächtigen. Hinter der
  Schutzwand von Pluralität
täuschen sie uns. Wir seien Gleiche und
  mächtig wie sie

Russophobie

Wenn es der Auflage nützt, wird schnell
  Russland zum Popanz gemacht, und das
Volk ist erstarrt und erschrickt. Putin als
  Schreckgespenst der Redaktion

Vorkriegspropaganda

Gründe zum Angriff liefern die Herrn
　　　Redakteure, Strategen auf
sicherem Stuhl, gut bezahlt: Feldhügel
　　　hinter der Front

Geopolitik

Medien liefern den Vorwand: Im Namen
　　　der westlichen Wertemoral
Putin bekämpfen, den Zar; Rohstoffe
　　　sichern und Gas

Go East

Deutsche Soldaten sind wieder an
　　　Russlands Grenze versammelt.
Immer nach Osten gewandt. Immer zum
　　　Sterben bereit

Wehrmachtstradition I

Vielerorts auf dieser Welt sind die Truppen
　　　der Deutschen im Einsatz und
leugnen, dass Hitlers Armee Teil ihrer
　　　Mordtradition

Wehrmachtstradition II

Welch Heuchelei, die das
        Kriegsministerium mitteilt; denn
Wehrmachtstradition ist bis heut Vorbild,
        Richtschnur und Zweck

Wehrmachtstradition III

Wundern sich welche über den rechten
        Morast in der Truppe?
Helden sind wieder gefragt, Haken- und
        Eisernes Kreuz

Rüstungsexport

Saudi-Arabien braucht deutsche Panzer
        zum Einsatz im Innern,
gegen die Rebellion, gegen Befreiung und
        Recht

Merke:
Dulce et decorum est pro patria mori

Merke: Es werden schon Kinder für
   Mörderberufe geworben. Das
Töten betreiben ist cool; früh am
   Computer geübt

     *

Merke: Es wird unsren Schülern das
   Sterben als Tugend empfohlen. Im
Felde, da ruht der Soldat, predigte Präsident
   Gauck

     *

Merke: Es wird dieser Jugend das
   Kriegshandwerk schmackhaft
   gemacht; soll
lernen, es gerne zu tun. Töten ist auch nur
   ein Job

     *

Merke: Es wird für das Kriegsgeschäft
   Werbung gemacht mit Hurra. Den
Toten zur Ehre entstehn Grab-Denkmale
   marmornen Steins

*

Merke: Es wird den Soldaten das Sterben
        heroisch verschönt. Im
Feindesland stirbt es sich süß, schwärmt
        Deutschlands Prediger Gauck

„Dulce et decorum est pro patria mori" (deutsch:
Süß und ehrenvoll ist es, für das Vaterland zu
sterben), Zitat aus den Liedern (Carmina 3,2,13)
des römischen Dichters Horaz (65-8 v. u. Z.). Der
Schriftsteller Bert Brecht (1898-1956) kritisierte
als Schüler in einem Aufsatz diesen Spruch als eine
„Zweckpropaganda", auf die nur „Hohlköpfe" her-
einfallen. Er wurde dafür mit einem Schulverweis
bestraft.

Aus
gegebenem
Anlass

6 Sonette

I
Falsche Alternative

sie nennen sich alternative
sie sind alles andre als das
sie propagieren die tiefe
verachtung der fremden den hass

sie kratzen an den oberflächen
der profitlichen wirtschaftsstruktur
doch statt diese aufzubrechen
verfestigen selbe sie nur

propagieren völkische einheit
den endsieg beim weltenbrand
ihr losungswort lautet gemeinheit

toleranzlos und ohne verstand
dröhnt der schlachtruf des verfalles
täuschland täuschland über alles

2
Die Politik und der Kleinmann

sie verbreiten schrecken und lüge
sie heizen den volksunmut an
als hätten wir nicht zur genüge
schon merkel horst seehofer spahn

mitschuldig sozialdemokraten
deren rosa ins braune changiert
sie hatten schon mehrfach verraten
den kleinmann der alles verliert

der wählt dann aus angst die faschisten
das erschrecken darüber ist groß
auch über die toten an küsten

die mutig retten wir müssten
auf der flucht vor krieg und dem los
zu sterben durch deutsches geschoss

3
Mitte und Rechts

den kleinmann unter druck setzen
ihm ängste zu machen vollends
und flüchtlinge zu verpetzen
als migrantische konkurrenz

so wirken zwei seiten zusammen
wäscht eine die andere hand
die harmlos erscheinenden zahmen
und die springerstiefel im land

man sollte nicht leicht unterschätzen
das pingpong von mitte und rechts
die mitte glänzt mit gesetzen

zugunsten des schnüffel-unrechts
und die glatzen schüren das hetzen
mittels islamistengeschwätz

4

Geisterbahn-Medien

den soundtrack liefern die presse
das radio und das t.v.
dass man uns den kuchen wegfresse
das brot und die butter den brie

täglich krimi-geisterbahn-sendung
bohlen terror und blutrote tracht
die kommentare als billige blendung
das kritische spät in der nacht

muslime mit sehr vielen kindern
afrikaner als schwarze gefahr
um jenen sozialstaat zu plündern

der lange schon keiner mehr war
öffentlich-rechtlich und r.t.l.-aufgehetzt
wird masse zum lynchen in stimmung
    versetzt

5
Aus der Natterngrube des Militarismus

im zeitlichen ablauf kam erst mal
das kriegsgebrüll dann a. f. d.
zunächst militärischer ernstfall
dann völkische brutalité

erst als fussvolk der nato marschieren
„mehr macht, mehr verantwortung" zählt
um dann sich stolz zu gerieren
als die menschenrechtsretter der welt

die tarnuniformierte von leyen
befehligt die mordbrennerschar
zur rettung der angeblich freien

der freiesten welt fürwahr
und identitäre sie schreien
das abendland sei in gefahr

6
Wortklau

sie nennen sich alternative
und haben das wort nur geklaut
der missbrauch mit dem begriffe
ist historisch seit hitler vertraut

der anstreicher nahm sich zu eigen
den kampfbegriff sozialist
so gelang es ihm aufzusteigen
mit terminologischer list

wisst dass es nicht alternativ ist
was alternative sich nennt
ihr hass nämlich abgrundtief ist

was wirklich uns droht das erkennt
reißt euch vom falschen begriff los
die a. f. d. ist nicht alternativlos

Meinung & Freiheit

I.
Die Hass säen

die hass säen
verdammt aber auch die
welche den boden bereiten
dass die saat aufgeht

die hass säen
lehnt ab aber auch die
welche sie lobsingend hätscheln
mit kameras und mikrofonen

die hass säen
wählt nicht aber auch die
nicht welche um Stimmen zu ködern
nachbeten hetzerparolen

die hass säen
bekämpft aber auch die
welche den hass militärisch
nutzen zum angriff

die hass säen
verflucht aber auch die
welche die handschellen schmieden
und kerker bauen

die hass säen
entlarvt aber auch die
welche euch ausspionieren
mit staatstrojanern und facebook

die hass säen
verlacht aber auch die
denen das lachen im hals steckt
weil sie furchtsam gehorchen

die hass säen
nehmt ernst aber auch jene
die den ernst ihrer lage
blind unterschätzen

II.
Kein Gewehr

entartete kunst heißt versifft
arisch identitär
wen es besonders betrifft
der trägt kein gewehr

er hat nur das wort zur hand
das gedicht und ein lied
wird aus dem land verbannt
oder er flieht

oder sie drucken ihn nicht
seine texte nimmt keiner wahr
kein feuilleton bespricht
den weckruf der ungehört war

dichter sind ich-agenten
künstler beliefern den markt
statt sich dagegen zu wenden
wirken sie eingesargt

schriftsteller/innen versagt nicht
steht auf und rebelliert
gegen die nazis verzagt nicht
schreibt an gegen sie unbeirrt

entartete kunst heißt versifft
arisch identitär

die es vor allem betrifft
schultern noch nicht das gewehr

III.
Eisernes Tor

wer ein recht zu haben meint
auf die freiheit der meinung
ob singend tanzend durchs wort
durch die blume duftbunt

wer ein recht zu haben meint
abscheu zu äussern gegen den kaiser
die macht den herrschenden clan
die unordnung auf dieser welt

wer ein recht zu haben meint
auf die eigene sicht der dinge
                    und menschen
der sonne und der planeten
der sklaverei und der knechtung der armen

wer ein recht zu haben meint
zu meinen und deinen und unseren
freuden glück und aller verzückung
laut zu erheben die stimme

wer ein recht zu haben meint
den wald besingen zu dürfen das meer
die schlieren am himmel den tod
9/11 und den dschihad

wer ein recht zu haben meint
auf die freiheit des meinens liebkose
die freiheit die schwester
von brüderlichkeit und von gleichheit

wer ein recht zu haben meint
auf die freiheit der rede des wortes
enthalte sich der verachtung
und er meide hetze und hass

denn hass hetze verachtung
sind hass hetze verachtung
sind das eiserne höllische tor
zum kerker von freiheit und liebe

IV.
Die sich berufen auf Rosa L.

Freiheit ist immer nur Freiheit des anders Denkenden.
Rosa Luxemburg

hass heißen sie meinung
den hass auf muslime
den hass auf geflüchtete
den hass auf die darstellerin mit raute

vorurteile pflegen sie meinung zu nennen
religiöse vorurteile
rassistische vorurteile
nationalistische vorurteile

als meinung kaschieren sie
              ihre verachtung
des minderheitenschutzes der demokraten
der wissenschaft und der kritik
der philosophie und der ethik

dummheit spricht aus ihren meinungen
die dummheit der kameradschaft
die dummheit von pegida
die dummheit von gauländer
            und gauführer

niederträchtig ist ihre meinung
niederträchtig ihr hass
niederträchtig sind ihre vorurteile
niederträchtig ist ihre verachtung

niederträchtig die bosheit all jener
die sich verschlagen berufen
auf die worte von rosa luxemburg
welche ermordet wurde
                    von rechten schlägern

Thomas Metscher
Zu Rudolph Bauers Gedichten

Aktualität
und Utopie

I. Die Flugschrift, so informiert uns die Forschung,[1] ist ein *operatives Genre* der Literatur: eine zweckgebundene Literatur, die der raschen Information, der Aufklärung und Mobilisierung gesellschaftlicher Kräfte dient. Sie tritt in Zeiten sozialer Auseinandersetzung hervor, nimmt Stellung zu politischen und sozialen Tagesproblemen, ist meist agitatorisch-programmatischen oder kritisch-satirischen (auch polemischen) Charakters oder eine Verbindung beider. Der Form nach ist sie dem einblättrigen Flugblatt verwandt, rückt dem Umfang nach jedoch in die Nähe der Broschüre. Flugschrift und Flugblatt entstehen in Folge von Gutenbergs Erfindung des Buchdrucks (1445), erscheinen zumeist anonym oder unter einem Pseudonym, teilweise auch illustriert (zu den Illustratoren gehören Dürer und Cranach). In der Reformation erhalten sie eine wichtige Funktion für die Verbreitung radikalen Gedankenguts; so sind Schlüsselschriften Luthers (*An den christlichen Adel deutscher Nation, Von der Freiheit eines Christenmenschen*) und Müntzers (*Fürstenpredigt*) in der Gestalt von Flugschriften erschienen. Ein zweiter Höhepunkt der Flugschriftenliteratur sind Vormärz (mit Büchners *Hessischem Landboten*) und die Zeit der Sozialistengesetze, ein dritter

---

[1] Vgl. Claus Träger (Hrsg.), *Wörterbuch der Literaturwissenschaft*. Leipzig 1986, 166 f.

der antifaschistische Widerstand; so Texte der Gruppe Schulze-Boysen/Harnack, die *Offenen Briefe an die Ostfront,* vieles mehr.

Die kulturelle Elite in Deutschland hatte über einen langen Zeitraum hinweg – seit dem Ende der Aufklärung – ein problematisches Verhältnis zum Politischen, was nicht zuletzt in der abschätzigen Einstellung zu politischer Kunst ihren Ausdruck fand; eine Haltung, die heute zurückgedrängt, doch keineswegs überwunden ist. „In Deutschland", konstatiert Robert Minder, „ist der Dichter in erster Linie Bürger einer anderen Welt; in Frankreich ist er in weit größerem Ausmaß ‚citoyen', eingebürgert".[2] Dabei gibt es auch in Deutschland eine lange Tradition politischer Literatur, auch politischer Lyrik. Sie geht auf das hohe Mittelalter zurück; das politische Lied ist eine Hauptform mittelalterlicher Lyrik. Viele Reformationslieder – Luthers, Zwinglis, Huttens – sind politische Lieder oder haben neben dem religiösen einen politischen Sinn; nicht umsonst nennt Engels Luthers *Ein' feste Burg ist unser Gott* die „Marseillaise des 16. Jahrhunderts".[3]

Operative Formen der Lyrik gibt es in Deutschland seit Hans Sachs. Sie begleiten,

[2] Robert Minder, *Kultur und Literatur in Deutschland und Frankreich.* Frankfurt a. M. 1962

meist als Agitprop und Lied, die Geschichte der Arbeiterbewegung international, mit Höhepunkten wie den ROSTA-Texten Majakowskis, den agitatorischen Liedern Erich Weinerts, Bert Brechts, der Lyrik eines Nazim Hikmet, Pablo Neruda und vielen anderen.

Von der Funktion her bestimmt sich die Form: das operative Genre erfordert Kürze, Konkretion und Einprägsamkeit, Lyrik wie Prosa müssen eingängig und merkbar, das Lied mitsingbar und nachsingbar sein. Operative Literatur ist also situationsgebunden. Sie ist auf Aktualität verpflichtet, hat so auch einen dokumentarischen Wert – was die Leistung, doch auch die Grenze solcher Literatur markiert. So ist die politische Bedeutung oft mit einer ästhetischen Beschränkung erkauft. In ihren besten Beispielen freilich wächst solche Literatur aus ihrer aktuellen Gebundenheit heraus und gewinnt einen weiterreichenden geschichtlich-ästhetischen Sinn.

II. Rudolph Bauers Gedichtband ist vielfach mit dieser Tradition verbunden. Bereits der Titel *Aus gegebenem Anlass* gibt die operative Programmatik vor. Auch formal wie

---

³ *Karl Marx und Friedrich Engels über Kunst und Literatur.* Berlin 1948, 241 f. Vgl. Wolfgang Steinitz, *Deutsche Volkslieder demokratischen Charakters aus sechs Jahrhunderten,* Bd. I. Berlin 1955, XXXV

inhaltlich schließen sie an das Genre an: in der Prägnanz und dem packenden Zugriff des Verfahrens, der Einfachheit und Konkretion von Stil und Strophenform. Diese sind nicht zuletzt an klassischen Vorbildern orientiert. Es ist eine Einfachheit, die die Komplexität einschließt. So *Merke: Dulce et decorum est pro patria mori*:

Merke: Es werden schon Kinder für
      Mörderberufe geworben. Das
Töten betreiben ist cool; früh am Computer
      geübt

Merke: Es wird unsern Schülern das Sterben
      als Tugend empfohlen. Im
Felde, da ruht der Soldat, predigte Präsident
      Gauck

Merke: Es wird dieser Jugend das
      Kriegshandwerk schmackhaft
      gemacht; soll
lernen, es gerne zu tun. Töten ist auch nur
      ein Job

Merke: Es wird für das Kriegsgeschäft
      Werbung gemacht mit Hurra. Den
Toten zur Ehre entstehn Grab-Denkmale
      marmornen Steins

[4] Ein Distichon ist eine in klassischer Dichtung gebräuchliche zweizeilige Strophe, die aus einem Hexameter und einem Pentameter (sechsfüßigen Verse unterschiedlicher rhythmischer Struktur) besteht.

Merke: Es wird den Soldaten das Sterben
  heroisch verschönt. Im
Feindesland stirbt es sich süß, schwärmt
  Deutschlands Prediger Gauck

Der Einsatzpunkt ist die aktuelle Lage: Für
das Kriegsgeschäft wird wieder geworben,
das Kriegerhandwerk wird als lukrativer
Job offeriert, das Töten früh geübt in der
Barbarei der Computerspiele. Der Zugriff ist
direkt und genau: Dem Präsidenten, der mit
frommer Rede das Sterben verschönt, wird
die Maske vom Gesicht gerissen. Er wird als
Tartuffe enttarnt. Hervortritt das hässliche
Antlitz des Pfaffen, der die Kanonen segnet
und Kriegstod verklärt - seit jeher das
Geschäft der offiziellen Religionen. Der Titel
- deutsch: „süß und ehrenvoll ist es, für das
Vaterland zu sterben" - stellt die Kontinuität
solcher Verklärung her. Er nimmt einen
Spruch aus den Liedern des Römers Horaz
auf, den bereits der junge Brecht als für
„Hohlköpfe" bestimmte „Zweckpropaganda"
verspottete. Dem lateinischen Muster folgt
das Gedicht in Gestus und Strophenform. Es
ist aus fünf Distichen gebaut und nähert sich
selbst im parallelen Bau der fünf Strophen der
Spruchdichtung an.[4] Noch die Formulierung

Als selbständige Form steht das Distichon in der
Spruchdichtung (so auch in Goethes und Schillers
Xenien).

des Titels verwandelt den Horazspruch in einen Hexameter. Die Sprache steht dabei in dissonantischer Spannung zur klassischen Form, sie mischt parodistisch Sprachebenen, scheut auch vor der Aufnahme kolloquialer Wendungen nicht zurück. Die Stilmittel dienen dem operativen Zweck: der Aufklärung, Aufrüttelung und Anklage. Sichtbar wird das makabre Geschäft der Kriegstreiber und ihrer Ideologen. Sichtbar aber wird mehr als nur die aktuelle Lage. Sichtbar wird ein veritables Stück deutscher Ideologie (und nicht nur der deutschen): die verklärende Rechtfertigung militaristischer und imperialistischer Gewalt, die als Macht der Verführung fungiert, verborgen in ihr die zynische Verspottung der Opfer. Sichtbar wird ein ideologischer Mechanismus, der in die Ursprungsgeschichte Europas zurückreicht und zugleich unmittelbare Gegenwart ist – verkörpert in der Figur des heuchelnden Präsidenten. Verbunden wird also höchste Aktualität und älteste Geschichte. Denn ungebrochen wirkt die Macht der Tradition in die Gegenwart hinein.

Dieser Gesichtspunkt berührt das Herzstück dieser Gedichte. Immer wieder und immer neu geht es um die Gegenwart des Vergangenen: die Kontinuität von Militarismus, imperialer Gewaltpolitik und die Rolle der Ideologien in ihnen; von Kolonialismus, Faschismus, ihrer Restauration in der Bundesrepublik Deutschland. Texte wie die *Hunnenrede des Wilhelm Zwo* (anlässlich des Einsatzes deutscher Truppen zur Niederschlagung des Boxeraufstands in China 1900), die *Rede des Generals* (anlässlich der Einweihung des Reichskolonialdenkmals zu Bremen 1932), *Achelis fordert die Rückgabe der Kolonien* (ebenfalls 1932), *Beisetzungsfeier* und *Für Sold* (in Erinnerung an die Ermordung von 6500 italienischen Soldaten auf der Insel Kephallonia durch die Naziarmee), *Was lernten die Deutschen* (anlässlich der Remilitarisierung Deutschland durch Adenauer und Strauß) markieren signifikante Stationen dieser Geschichte. Das Fazit ist die bittere Einsicht, ironisch formuliert: „was lernten die deutschen aus dem ersten weltkrieg / die vorbereitung auf den zweiten / was lernten die deutschen aus dem zweiten weltkrieg / ja was glauben sie wohl"

Diese Erkenntnis ist nicht resignativ. Ihr eingeschrieben ist, als Grundduktus des

Bandes, der Aufruf zum Widerstand, die Einsicht in die „notwendigkeit der rebellion" (*Lauf der Gestirne*). So in *Das alte Lied*, eins der geglücktesten dieser Gedichte, die Stimme des Mädchens, das gegen die Kriegstrommel spricht: *„liebster ich bitte dich / singe nicht mit / zertrommel die eide / zertrommel den krieg"*. Der Zorn gegen das Unrecht – hier hat er die Stimme nicht heiser gemacht. Er wird klar und deutlich artikuliert, mit nahezu Danteskem Gestus des Sprechens in *Verdammnis*:

tränen füllen zisternen
trauer schwelt und es heult
die totenklage in schmerzen
neigen bäume sich

die gräser verdorren im unglück
unheil habt ihr gebracht
und bringt es den nachbarn
hier und überall auf der welt

(...)

auf euch ihr anstifter und mörder
auf euch hand- und todlanger
priester und schweigende lehrer
wartet verdammnis

In einem solchen Gedicht hat Bauer die Grenzen operativen Sprechens hinter sich gelassen. Die historische Partikularität des Anlasses wird auf ein konkretes Allgemeines hin überschritten. Es geht nicht mehr allein um das Hier und Jetzt eines geschichtlichen Moments – um Gegenwart –, sondern die lyrische Bedeutung bezieht Vergangenes und Zukünftiges ein. Das Urteil gilt, solange die Herrschaft der Gewalt nicht gebrochen ist.

Zu dieser Grenzüberschreitung gehört nicht zuletzt der Einbezug von Bildern und Gedanken aus dem Erfahrungsarchiv anderer Kulturen, so in *Ganesha* die Hinwendung auf einen hinduistischen Gott. Er steht für Glück, Erfolg und gutes Gelingen, vertritt Weisheit und Intelligenz, ist Schutzherr von Musik, Tanz, Schrift und Poesie, und er ist zugleich Gott des Handels, eines Austauschs von Gütern, auf dem der Wohlstand, also auch die Künste beruhen. Er ist so die Gegenmacht zur Welt von Krieg und Gewalt, von Hunger und Unterdrückung – er verkörpert den Frieden als Prinzip der Kultur; dies ein Grundmotiv auch des europäischen Friedensgedankens.[5]

---

[5] Vgl. meine Ausführungen in *Der Friedensgedanke in der europäischen Literatur.* Fischerhude 1984 und *Shakespeares Spiegel,* Bd. I. Hamburg 1995, 167-288

Ganesha gehört zu jenen Texten dieses Bandes, die eine utopische Dimension entwerfen – in denen sich das politische Gedicht zur Utopie hin öffnet. Dies geschieht in einer Gruppe von Texten, die unter dem Zwischentitel *Gewaltlos* versammelt sind und mit einem Gedicht auf Jannis Ritsos, „den griechischen Dichtergenossen" eröffnet werden. In ihr finden sich die wohl gelungensten, poetisch reifsten Texte dieses Bandes: so neben *Ganesha* die zwei schönen Siena-Gedichte: *Stadt der Jungfrau*, *Die gute Regierung* („der frieden bin ich / ich bin die gute regierung") und, ein Höhepunkt des Bandes, *In Raum und Zeit.*

zwischen himmel und erde gleicht der raum
        trommeln
und flöten treiben stumme schamanen mit
        ihrem einboot
durch stille gewässer und schluchten

an der spitze ein steuermann mit dem
        holunderstab
zeigt am heck den trommlern impulse mal
        schneller
mal langsam mal laut dann wieder leise

flüstern die trommeln von paradiesen und
        neuen zeitaltern
ohne gewalt ohne der brüder herrschen
        über den bruder joseph
der anderer träume zu deuten gewusst

den sie hinab stießen in den trommel-
        förmigen brunnen
den sie als sklaven verschachert haben an
        ismaelitische händler
die ihn verkauften an pontifar dessen
        lüsternes weib

ihn begehrte hinauf zum gushan fliegt ein
        adler lauscht
den verstorbenen spricht mit den toten
        fürsten und kriegern
um für uns späte aufzuzeichnen was sie
        berichten

von trottenden kälbern fest geschlossenen
        augen und reihen
zum krieg hinaus mit mann und maus mit
        spießen und kanonen
befehlen und flinten dass ja keiner bliebe
        dahinten

wieder am abend streichelt zum tanz
        zärtlich eirene die conga

Die kunstvollen Dreizeiler fügen in syntaktischer Verschränkung Bilder aus verschiedenen Kulturen zu einem surrealen Ineinander, in der die alte Welt der Gewalt allein noch als erinnerte Vergangenheit Existenz hat – utopische Metapher eines Vorscheins im Sinne Ernst Blochs, Vorschein einer, mit einem Wort Thomas Manns, „angst- und hassbefreiten, zum Frieden gereiften Zukunft".[6] Der indigene Einbaum mit Trommlern und Flötisten, treibend durch den Raum einer Musik, die von Paradiesen und neuen Zeitaltern erzählt: die Trommel hier ist die Trommel des Friedens, die gegen die Kriegstrommel steht, Symbol auch poetischer Imagination, die neue Welten erkundet. Die alte Welt ist präsent allein in der Erinnerung: in der Geschichte Josephs, der von seinen Brüdern in den trommelförmigen Brunnen gestoßen (hier ist sie wieder, die Trommelmetapher) und als Sklave verschachert wurde. Es ist die Zeit des Alten Testaments: der Alten Geschichte, der jetzt die Neue Geschichte entgegensteht. Auch an den Mannschen Josephsroman ist zu denken, der gleichfalls in einer sehr alten Geschichte die neue erkundet. Das Bild des

[6] So Thomas Mann in seiner Festrede zum 80. Geburtstag von Sigmund Freud (*Freud und die Zukunft, 1936*)
[7] Mitteilung des Autors an den Verfasser.
[8] Die drei Horen sind schöne, den Menschen wohlgesonnene, Blumen und Früchte bringende Göttinnen der ‚Jahreszeiten', die Blühen, Wachsen und Frucht ver-

zum Gushan fliegenden Adlers ruft China herbei: Gushan, der ‚Trommelberg', ist ein Berg bei der chinesischen Stadt Fuzhou, der bei starkem Regen trommelähnliche Geräusche erzeugt.[7] Der Adler, ein mythologischer Vogel, spricht mit den Toten und vermittelt ihr Wort den Lebenden: erzählt von im Krieg getöteten Fürsten und Kriegern, vom vergangenen eisernen Zeitalter der Gewalt. Assoziiert hier ist Altes und Neues. So die klassische chinesische Lyrik, die ausführlich von Kriegen erzählt, so Brechts *Kälbermarsch*, an den die trottenden Kälber erinnern: „Hinter der Trommel her / Trotten die Kälber / (...) / Der Metzger ruft. Die Augen fest geschlossen / Das Kalb marschiert mit ruhig festem Tritt", der *Kanonensong*, die *Ballade vom Weib und dem Soldaten* kommt in den Sinn - entsprechend dem hier praktizierten Verfahren einer vielschichtigen Anspielung, meisterhaft gefügt in dem das Gedicht abschließenden Einzeiler. Es ist, als kehre der Einbaum nach langer Tagesfahrt zurück zu festlicher Feier - „wieder am abend streichelt zum tanz zärtlich eirene die conga". Eirene, die griechische Friedensgöttin ist es, eine der Horen,[8] die hier aufspielt zum Tanz.

körpern, seit Hesiod auch gesetzliche Ordnung (*Eunomia*), *Recht* (*Dike*) *und Frieden* (*Eirene*). *Hier liegt, im Rahmen der europäischen Kultur, der Ursprung für die Vorstellung des Friedens als Prinzip der Kultur, der für die Ausprägung des Friedensgedankens im europäischen Humanismus zentral wird.*

Die Conga, die sie spielt (,zärtlich streichelt')
ist eine einfellige Fasstrommel afrikanischen
Ursprungs, die in Lateinamerika
weiterentwickelt wurde und auch als
Einzelinstrument Verwendung findet. In der
populären Tanzmusik wird sie mit Händen,
in der kubanischen Folklore auch mit Stöcken
gespielt.

Das Verfahren der Anspielung ist ein
charakteristisches Merkmal moderner
Lyrik. Es bildet, als Verfahren komplexen
Sprechens, einen deutlichen Kontrast zum
direkten Zugriff und zur semantischen
Eindeutigkeit des operativen Genres, von
dem diese Gedichte ausgehen. Dieser
Wandel des Verfahrens ist thematisch-
sachlich bedingt. Die Utopie in der Dichtung
erfordert eine andere Darstellungsart als
Agitprop und Satire – und doch verweist
das eine auf das Andere. Denn allein eine
Dichtung, die den aktuellen Moment mit
dem Blick auf Zukünftigkeit verbindet,
das Eindeutige mit dem Vieldeutigen und
Komplexen, vermag die operative Form zum
Ganzen eines ästhetischen Weltbilds zu
erweitern. Andererseits verlöre die utopische
Gestaltung, isoliert vom Hier und Jetzt eines

konkreten geschichtlichen Moments, den Boden in der Wirklichkeit.

III. Der Teil des Bandes, der das lyrische Sprechen um die Dimension des Utopischen erweitert, schließt mit einem Text, der den Titel *Widmung* trägt. Hier nennt der Autor, in Form einer einfachen Aufzählung, die Namen derer, die ihm Vorbild sind, literarisch wie politisch-ethisch. Ihnen eignet er die Gedichte zu. Die Liste enthält sehr unterschiedliche Namen – sie ist, wie es der ganze Band ist, eine Provokation der herrschenden Meinung, nicht zuletzt auch des linken Vorurteils. Die Liste beginnt mit Walther von der Vogelweide, Franz von Assisi und Dante Alighieri und schließt mit Julian Assange, Bradley Manning und Edward Snowden; eine Verbindung, die auf den ersten Blick sicherlich befremdet. Und doch liegt sie in der Konsequenz eines poetologischen Ansatzes, der Dichtung an politisches Handeln bindet und eine Trennung beider nicht akzeptieren will. Seine Grundorientierung wird mit einem Satz Klaus Manns, einem der Widmungsträger, gegeben, den Bauer als Motto zitiert: „Wer sich berufen glaubt, die Summe menschlicher Erfahrung durch das Wort auszudrücken, darf nicht die dringlichsten menschlichen Probleme – die Organisation des Friedens, die Verteilung menschlicher Güter – vernachlässigen oder gar ignorieren." (Klaus Mann, *Der Wendepunkt*) Es scheint berechtigt, diesen Satz als schriftstellerisches Credo aufzufassen, als Grundsatz einer Orientierung, die hinter dem Werk Bauers steht. Nicht zuletzt wird er auch von der Lebensgeschichte eines Autors getragen, der vom Beruf her kein Literat, sondern Politikwissenschaftler und akademischer Lehrer für Soziale Berufe ist; ein Lehrer freilich im Brechtschen Sinn, ein Wissenschaftler mit konsequent sozialistischer Orientierung. Wo andere, die vormals das große Wort führten, die Hälse wendeten, sich bogen und anpassten, als die Lage schwer wurde, blieb Bauer unbeirrbar der gemeinsamen Sache treu: dem Einfachen, das schwer zu machen ist.

Der Satz Klaus Manns verweist auf ein Verständnis von Dichtung, das vom Grundgedanken her das operative Genre an die ‚Summe', d. h. das Konkret-Allgemeine menschlicher Erfahrung bindet. Dieses ist immer mehr als eine partikulare

Situation, erhält von der partikularen Situation aber ihr besonderes Profil. Wie programmatisch-bewusst Bauer diesem Gedanken folgt, verrät sein Gedicht *Flugschrift*. Es behandelt keineswegs, wie zu denken wäre, einen aktuellen Fall, sondern im Gegenteil einen sehr alten. Und zwar bezieht es sich auf das wohl bekannteste deutschsprachige Gedicht des Mittelalters, Walther von der Vogelweides *ich saz uf eime steine*, mit dem wohl die große politische Dichtung deutscher Zunge beginnt: „ich saz auf eime steine / und dahte bein mit beine: / dar uf sazt ich den ellenbogen: / ich hate in mine hant gesmogen / min kinne und ein min wange". Bei Bauer liest es sich so:

herr walther von der vogelweide
saß auf einem steine
übereinander geschlagen die beine

den arm aufgestützt
das kinn und die wange
in eine der hände geschmiegt

sah er am himmel
lautlos schweben die silbernen
die stummen todesvögel

sie schreiben das blutige menetekel
lesbar für alle
aber verstanden von wenigen

Die dritte und vierte Strophe findet sich bei
Walther nicht; bei ihm geht das Gedicht nach
dem Eingangsbild unmittelbar in eine Me-
ditation über, die nach einem guten (und Gott
gerechten) Leben fragt. Walthers Schlusszeilen
freilich finden sich wieder in Bauers Gedicht:
„untriuwe ist in der saze, / gewalt vert uf der stra-
ze, / frid unde reht sint sere wunt.“ Bei Bauer:

ein wegelagerer ist der verrat
gewalt beherrscht alles
aus ihren wunden bluten frieden und recht

Was hier geschieht, ist höchst bemerkenswert:
Dieses frühe Gedicht politischer Lyrik
– ein Text des hohen Mittelalters – wird
durch eine Hinzufügung: der am Himmel
lautlos schwebenden ‚silbernen, stummen
todesvögel‘, auf die Erfahrungsebene der
Gegenwart gestellt, erhält so einen höchst
aktuellen Sinn.[9] Die ‚Todesvögel‘ zeichnen
eine Flugschrift in den Himmel, die äußerste
Bedrohung verheißt, für alle lesbar ist, doch
nur von wenigen verstanden wird. Hier mag

[9] Vögel gibt es nicht in Walthers Gedicht, wohl aber
in dem bekannten Figurenbild Walthers, Blatt
124a der Manessischen Handschrift (vgl. Wieland
Schmidt, *Die Manessische Handschrift. Berlin 1965).*

man an fernfliegende Flugzeuge denken, die ,Bombengeschwader‘ Brechts, oder, aktueller noch, an Drohnen, die den Opfern wie stumme Todesvögel erscheinen mögen. Die Flugschrift wird zum Menetekel,[10] das Titelwort dieser Gedichte erhält hier einen neuen, jetzt metaphorischen Sinn: Es wird zum prophetischen Zeit-Zeichen und Warnruf vor der selbstverschuldeten Katastrophe. Der Gedanke an Heines *Belsazar* wird hier nahe gelegt. Am Ende des Gedichts (die letzte Strophe ist kursiv gesetzt, was ihre Bedeutung akzentuiert) tritt das Gemeinsame der beiden historischen Zeitebenen, von Einst und Heute als Skandalon der Geschichte hervor: Nach wie vor lauert, dem Wegelagerer gleich, der Verrat, sind Frieden und Recht blutende Wunden – so dass von der ,Wunde Geschichte‘ gesprochen werden kann.[11] Friede und Recht als blutende Wunde: die Metapher erhält hier einen Sinn, der an Bilder des gekreuzigten Jesus, wie ein Grünewald sie malte, denken lässt. Hier ist ein urchristlicher Bezug hergestellt, den der mittelalterliche Text selbst noch gar nicht besaß.

Indem Bauer Walthers Text als Flugschrift liest, dem Wort zudem einen neuen,

---

Hier freilich handelt es sich um Wappenvögel, die für den heutigen Betrachter wie in Käfige eingesperrt erscheinen.
[10] Menetekel: die unheildrohende Geisterschrift, die nach Daniel 5, 25 dem König Belsazar sein nahendes Ende verkündet; so auch in Heines Gedicht.

metaphorischen Sinn gibt, fügt er einerseits diesen Text der Geschichte operativer Lyrik zu, erweitert zugleich aber das operative Genre zum großen politischen Gedicht. Ein solches Vorgehen macht eine Tradition bewusst, die im Bewusstsein bürgerlicher Öffentlichkeit in Deutschland nie recht Anerkennung fand und heute wieder verdrängt wird: die der politischen Dichtung.

IV. Die Traditionslinie politischer Dichtung neuen Typs, auf die sich Texte wie diejenigen in Bauers Gedichtband beziehen lassen, beginnt in Europa im ausgehenden 18. und frühen 19. Jahrhundert.[12] Sie ist Folge der kulturellen Verwerfungen, welche die „Doppelrevolution" (Eric Hobsbawm), die politische Revolution Frankreichs und die industrielle Revolution hervorbrachten. Die Formveränderung der Künste in diesem Zeitraum ist so radikalen Charakters, dass hier, im Anschluss an Hegels Wort von der ‚Revolution in der Form des Gedankens', bezogen auf die Philosophie, von einer *Revolution in der Form der Kunst* gesprochen werden kann.[13] Gemeint damit ist eine strukturelle Transformation, welche die gesamte Formenwelt der Künste betrifft. Sie bringt neue künstlerische Formen, so

[11] Vgl. Klaus Garber/H. Gustav Klaus (Hrsg.), *Die Wunde der Geschichte. Aufsätze zur Literatur und Ästhetik. Köln 1999*
[12] Hierzu und zum Folgenden vgl. meinen Essay „*So sei verflucht der Krieg" - Politische Dichtung. Überlegungen*

auch der Lyrik hervor. Eine große Zahl von Schriftstellern radikaler ästhetischer wie politischer Gesinnung macht die lyrische Form zum zentralen Artikulationsmedium ihrer Auffassungen. Lyrische Dichtung wird zum selbständigen Artikulationsmedium philosophischer Ideen und politischer Handlungskonzepte. Sie konstituiert sich als autonome Weltanschauungsform. Sie entwirft Antworten auf die Epochenfragen. Sie übernimmt damit Funktionen, die bis dahin Religion und Philosophie innehatten, im Rahmen der Literatur allenfalls Epos und Drama. Dabei ist der Gesichtspunkt ästhetischer Autonomie entscheidend; ein Tatbestand, welcher der pragmatischen Orientierung solcher Lyrik keineswegs widerspricht. Ganz im Gegenteil, die besondere ästhetische Form wird zur Bedingung ihrer politische Wirksamkeit – dies reicht bis hin zur Neuentdeckung des Operativen, auch dazu, dass das Operative einer eigenen Form bedarf.

Mit den revolutionären Erhebungen um die Mitte des 19. Jahrhunderts und der entstehenden Arbeiterbewegung erfährt die politische Literatur eine neue Qualität.

zu einem missverstandenen Begriff, in: Marxistische Blätter 3/2014, 122-131
[13] Des Näheren Thomas Metscher, *Klassik, Romantik und Aufklärung.* Hamburg 1998

181

Dazu gehören in Deutschland die Dichter des Vormärz und Heine, in England ist die radikale Romantik, vor allem Shelley, bereits eng mit der beginnenden Arbeiterbewegung verbunden. In Ungarn ist die geschichtliche Entwicklung von der bürgerlichen zur proletarischen Revolution literarisch an die Namen Petöfis, Adys und Józsefs geknüpft.

Im Zuge der Entwicklung der Literaturen zur Moderne und weiter bis auf den heutigen Tag besitzt die politische Dichtung eine Kontinuitätslinie im Sinne eines weltliterarischen Prozesses, der multikulturell und polyzentrisch strukturiert ist. Dabei kann progressive politische Dichtung in dieser geschichtlichen Phase, wie jede andere Kunst auch, nur eine solche sein, die den Idealen der Revolution Frankreichs die Treue hält, sie zugleich mit Impulsen verbindet, die der Arbeiterbewegung, der Oktoberrevolution und den antikolonialen Bewegungen der Vergangenheit wie der Gegenwart entstammen. Die Stellung zu Krieg und Frieden, heute wie einst, ist das politisch-ethische Grundkriterium für den Rang solcher Dichtung.

Viel an deutschsprachiger Lyrik dieser und der jüngst vergangenen Zeit, von der das gesagt werden kann, gibt es sicher nicht. Aus der Literatur der untergegangene DDR zu nennen sind Fühmann, Hacks, Müller, Braun und – mit einigen wenigen Liedern – Biermann vielleicht, aus dem Westen Fried und Degenhardt, sicher noch einiges andere aus dem Umkreis von Friedensbewegung und DKP. Nicht sehr viel ist geblieben, das meiste kam über die gute Absicht und die politisch richtige Gesinnung nicht hinaus. So füllen die Texte Bauers nicht zuletzt auch eine Leerstelle aus und schließen die deutsche Literatur an Bewegungen an, die an geschichtlich-politischer Bedeutung und ästhetischer Kraft weit über dem Niveau der hierzulande akkreditierten Literatur stehen. Wo eine Lewitscharoff den Büchnerpreis erhält, kann es mit dem Zustand des Betriebs, der solche Preise verleiht, und wohl auch mit der Literatur selbst so gut nicht bestellt sein.

Es sind andere Stimmen, die bleiben werden. So die Stimme Ingeborg Bachmanns: „Die Erde will keinen Rauchpilz tragen, / kein Geschöpf ausspeien vorm Himmel, / mit Regen und

Zornesblitzen abschaffen / die unerhörten Stimmen des Verderbens" (*Freies Geleit*), so die Stimme Marie-Thérèse Kerschbaumers: „ich sah den Tag im Osten rötlich dämmern / ich sah den Zug der Liebe im Triumph / den Ölzweig sah ich auf dem Haupt der Liebe / (...) / Liebe edler Sinn geliebter Friede" (*Neun Canti auf die irdische Liebe*). Ihnen gehört auch die Stimme Rudolph Bauers zu.

Inhalt und Autoren

Inhalt

Friedlos

Besinnungslos

Achtlos

Endlos

Schamlos

Gewaltlos

Reimlos

Aus gegebenem Anlass

Thomas Metscher

Inhalt

Thomas Metscher, Literaturwissenschaftler und Philosoph, lebt in Grafenau am Böhmerwald. Er lehrte an den Universitäten Belfast und Bremen. Schwerpunkte seiner philologischen  Forschungsarbeiten sind die Werke Shakespeares und Goethes „Faust" sowie Probleme der ästhetischen Moderne. Zu Metschers philosophischen Publikationen gehören neben zahlreichen Aufsätzen die Buchveröffentlichungen „Ästhetik, Kunst und Kunstprozess" (2013), „Logos und Wirklichkeit" (2010), „Welttheater und Geschichtsprozess. Zu Goethes ‚Faust'" (2003), „Pariser Meditationen. Zu einer Ästhetik der Befreiung" (1992), „Der Friedensgedanke in der europäischen Literatur" (1984), „Kunst, Kultur, Humanität" (1982) sowie „Kunst und sozialer Prozess" (1977). Aktuelle Neuerscheinung: „Integrativer Marxismus. Dialektische Studien. Grundlegung" (Kassel 2017)

R u d o l p h   B a u e r ,
Politikwissenschaftler, Autor
und bildender Künstler;
lebt in Bremen, lehrte an
den Universitäten in Gießen
und Bremen (1972–2002);
Auslandsaufenthalte 1979/80
am Fremdspracheninstitut in Beijing/China
und 1989 am Institute for Policy Studies der
Johns Hopkins University in Baltimore/USA.

Zu Bauers Buchveröffentlichungen gehören:
Wohlfahrtsverbände in der Bundesrepublik"
(1978), „Organisierte Nächstenliebe" (mit
H. Dießenbacher, 1986), „Verbandliche
Wohlfahrtspflege im internationalen
Vergleich" (mit A.-M. Thränhardt, 1987),
„Lexikon des Sozial-und Gesundheitswesens"
(3 Bände, 1992), „Personenbezogene Soziale
Dienstleistungen" (2001), „Wir befinden
uns mitten im Krieg" (2014), „Kriege im
21. Jahrhundert" (2015). Die Broschüre „Rüste-
Wüste" (mit Texten von Hartmut Drewes,
2016) zeigt neue künstlerische Arbeiten mit
militarismuskritischen Bildmontagen.

„Aus gegebenem Anlass" ist Rudolph Bauers neunter Gedichtband. Die vorausgegangenen Titel lauten: „Widerton" (1986), „Ittinger Vignetten" (1988), „Ätze terra" (1989), „tanger und anderorts" (2006), „Lotusfrau Mondlicht" (2010), „SchutzSchirmSprache" (mit Cartoons von Lothar Bührmann, 2010), „Flugschriftgedichte" (2013), „Gemischtes Herrendoppel" (mit Richard Staab, 2014).

© 2018 Rudolph Bauer und Thomas Metscher

CIP-Titelaufnahme der deutschen Bibliothek
Bauer, Rudolph / Metscher, Thomas
Aus gegebenem Anlass. Gedichte und Essay

Herausgeber: Rudolph Bauer
Umschlaggestaltung und Satz: ansichtsache.com
Verlag und Druck:
tredition GmbH, Halenreie 40–44, 22359 Hamburg

ISBN Taschenbuch: 978-3-7469-7155-1
ISBN Hardcover: 978-3-7469-7156-8
ISBN e-Book: 978-3-7469-7157-5

Bibliografische Information der Deutschen Nationalbibliothek: Die Deutsche Nationalbibliothek verzeichnet diese Publikation in der Deutschen Nationalbibliografie; detaillierte bibliografische Daten sind im Internet über http://dnb.d-nb.de abrufbar.